예술과 인공지능

아트코리아랩총서

미디어 기술과 융합한 현대 예술을 탐색합니다. 달라진 예술의 지형과 의미를 소개하고, 기술의 활용과 쟁점을 제시합니다. 예술·기술의 깊은 이해가 창작과 향유의 역동적인 흐름을 만드는 데 기여하겠습니다.

일러두기

- 인명, 작품명, 저서명, 개념어 등은 한글과 함께 괄호 안에 해당 국가의 원어를 병기했습니다.
- 외래어 표기는 현행 어문규정의 외래어표기법을 따랐습니다.

예술과 인공지능

윤나라

대한민국, 서울, 커뮤니케이션북스, 2024

예술과 인공지능

지은이 윤나라

초판 1쇄 펴낸날 2024년 11월 15일

주관 (재)예술경영지원센터(대표 문영호)
03082 서울시 종로구 대학로 57 (연건동) 홍익대학교 대학로 캠퍼스
교육동 3층, 12층
전화 (02) 708 2244
webmaster@gokams.or.kr
www.gokams.or.kr

기획 아트코리아랩
03142 서울특별시 종로구 율곡로6 (중학동) 트윈트리타워 A동
지하 1층, 6층, 7층, 16층, 17층
전화 (02) 708 2222
akl@gokams.or.kr
www.artskorealab.kr

출판 커뮤니케이션북스(주)(대표 박영률)
출판 등록 2007년 8월 17일 제313-2007-000166호
02880 서울시 성북구 성북로 5-11
전화(02) 7474 001, 팩스(02) 736 5047
commbooks@commbooks.com
www.commbooks.com

ISBN 979-11-7307-119-5

책값은 뒤표지에 표시되어 있습니다.

차례

인공지능 시대의 문화 예술

스푸너: 로봇은 아무것도 느낄 수 없어.

써　니: 난 아니에요. 심지어 꿈도 꾸는걸요.

스푸너: 꿈은 사람이 꾸는 거야. 개도 꿈은 꿀 수 있지. 하지만 넌? 넌 그저 인간을 흉내 낸 기계일 뿐이야. 한낱 기계가 웅장한 교향곡을 작곡할 수 있나? 아름다운 걸작을 그려 낼 수 있냐고?

써　니: 그러는 당신은요?

알렉스 프로야스, 〈아이, 로봇〉, 2004.

인공지능 시대의 도래

앞의 대사는 2004년에 개봉한 알렉스 프로야스(Alex Proyas, 1963~현재) 감독의 〈아이, 로봇(I, Robot)〉에서 배우 윌 스미스가 연기한 형사 '스푸너'가 제작자를 살해한 혐의를 받고 있는 인공지능(Artificial Intelligence: AI) 로봇 '써니'를 취조하는 장면에서 가져온 것이다.

스푸너는 가슴 뜨겁고 인정 많은 형사다. 그는 구식 자명종의 시끄러운 알람 소리에 눈을 뜬 다음, 어렵게 입수한 수십 년 된 빈티지 운동화의 끈을 직접 조여 신고, 자율주행 알고리즘이 아니라 본인의 손으로 직접 운전대를 잡고 차를 몰아 할머니가 직접 구워 주는 고구마 파이를 먹으러 가는, 이른바 아날로그적인 생활 방식을 가장 인간적인 생활 방식이라 믿어 의심치 않는 인물이다.

스푸너는 극 중 통칭 '로봇'으로 일컬어지는 인공지능을 비롯한 인공적인 것의 효용을 강하고 꾸준하게 의심하며 그것을 최대한 지양하려 고군분투한다. 그가 운전하던 자동차가 교통사고를 당해 물에 빠져 가라앉고 있을 때, 근처에 있던 인공지능 로봇이 물로 뛰어들어 단지 계산상 더 높은 생존 확률을 보인다는 이유 하나만으로 열한 살 된 딸 대신 그를 구출했기 때문이다. 그가 이 사고로 인해 신체적 · 정신적 트라우마뿐만 아니라 생존자의 죄책감(survivor's guilt)에도 지속적으로 시달리고 있다는 점을 고려할 때, 로봇을 비롯한 인공적인 것들을 비인간적인 것으로 간주하고 배척하는 스푸너의 태도와 입장은 충분히 이해할 만하다.

〈아이, 로봇〉이 개봉한 지 벌써 20년이 흘렀다. 이 영화가 시대적 배경으로 삼고 있는 2035년 역시, 2004년 당시라면 꽤 먼 미래처럼 여겨졌겠지만, 이제는 마치 바로 다음 모퉁이만 돌면 코앞에 놓일 것처럼 가까워졌다.

우리 시대는 지나간 어제를 미처 다 되돌아보기도 전에 오늘을 맞이하고, 오늘이 왔음을 채 알아채기도 전에 내일에 자리를 내어 줄 정도로 빠르게 흐른다. 이 흐름의 중심에는 단연 정보 기술(Information Technology: IT)이 있다. 정보 기술은 우리 일상에 가장 편재(偏在, omnipresent)하는 요소 중 하나로, 동시대 문화 예술 작품 활동과 콘텐츠 창·제작 분야에도 긴밀하게 융합되어 있다. 매일 더 많은 아티스트가 더 다양한 정보 기술을 더 본격적이고 더 다채로운 방식으로 작품 활동에 활용한다. 정보 기술과 문화 예술은 상호 보완적인 관계를 넘어 불가분의 관계에 있는 셈이다.

컴퓨터 예술이라는 용어는 컴퓨터'가' 하는 예술이 아니라 컴퓨터'를' 활용한 작품 활동의 경향을, 그리고 같은 방식으로 디지털 예술은 디지털 기술을 중심으로 하는 작품 활동을 각각 지칭한다. 이러한 맥락에서, 인공지능 예술은 인공지능'이' 작품이나 창작하는 것이 아니라 인공지능'을' 적극적으로 활용하는 문화 예술의 작품 활동과 콘텐츠 창·제작을 지칭하는 용어로 사용하는 편이 더 타당하다.

인공지능은 오늘날의 정보 기술과 이 기술이 구축하는

고도의 기술 환경을 대변한다. 여기에는 2012년에 공개된 알렉스넷(AlexNet)이라는 인공 신경망(artificial neural networks)이 결정적 역할을 했다. 알렉스넷은 알렉스 크리제브스키(Alex Krizhevsky, 1986~현재)와 일리야 수츠케버(Ilya Sutskever, 1986~현재) 등이 인지 과학자이자 컴퓨터 과학자인 제프리 힌턴(Geoffrey E. Hinton, 1947~현재) 교수의 지도 아래 구현한 심층 인공 신경망이다. 인공 신경망의 인공지능의 작동 속도 향상, 연산 성능 제고, 그리고 다기능화(multi-functionalise) 측면 등에 일대 전환점을 제공했다는 점에서 특기할 만하다.

알렉스넷 연구를 이끈 힌턴은 인공지능 연구가 오늘날의 모습으로 자리 잡는 데 가장 크게 공헌한 연구자 중 한 명이다. '인공지능의 대부'라는 별명은 인공지능 연구 분야에서 힌턴이 갖는 위상을 단적으로 드러낸다. 인공 신경망을 설계하고 구현하기 위해 꼭 필요한 역전파 또는 역확산, 그리고 심층 학습(deep learning) 등의 개념과 기술을 제안하고, 도입하고, 정리한 연구자가 다름 아닌 힌턴이기 때문이다.

힌턴뿐만 아니라 크리제브스키와 수츠케버 역시 인공지능 중심 기술 환경의 형성에 각자의 방식으로 기여했다. 알렉스넷이 성공하자, 구글은 크리제브스키와 수츠케버 그리고 힌턴이 알렉스넷 연구를 위해 설립한 스타트업인 'DNN 리서치'를 인수했다. 이 인수로 구글에 합류한 크리제브스키는 2017년까지 구글에서 인공지능의 심층 학습 알고리즘을 연구했고, 이후 다른 스타트업을 설립하여 연구를 지속하고 있다. 인수 약 3년 만에 구글과 결별한 수츠케버는 샘 올트먼(Sam Altman, 1985~현재) 등과 함께 2015년 오픈AI(OpenAI)를 설립했고, 이는 달리(DALL-E)나 챗GPT(ChatGPT) 등으로 대변되는 동시대 생성형 인공지능 혹은 콘텐츠 생성 인공지능(generative AI)의 등장으로 이어진다.

한편 DNN 리서치 인수로 구글에 합류한 이후 수석 기술 자문으로서 인공지능 연구를 이끌던 힌턴은 상술한 콘텐츠 생성 인공지능들이 대중에게 큰 반향을 일으키기 시작한 시점인 2023년 5월 전격적으로 자리를 내놓았다(Metz, 2023). 생성 인공지능이 전례를 찾기 어려울 만큼 빠른 속도로, 그리고 그 전과는 전혀 다른 양상으로 기술 환경을 완전히 해체 및 재편하기 시작했기 때문이다. 힌턴의 행보는 이러한 맥락과 상황을 강조하고, 아울러 관련 분야 연구자 및 대중에게 기술 환경에 관한 적확(的確)하고 정치(精緻)한 이해의 중요성을 역설하기 위함으로 해석할 수 있다.

알렉스넷 이후 불과 수년 만에, 우리는 알파고(AlphaGo)로 대표되는 고속·고성능 인공지능의 등장과 그로 인한 사회적 파장을 목도했다. 그리고 그로부터 불과 수년이 흘렀을 뿐이지만, 동시대 콘텐츠 생성 인공지능이 만드는 너울의 폭과 깊이는 알파고를 이미 흘러간 옛이야기로 만들기에 충분하다. 앞에서 언급한 것들 외에도 미드저니(Midjourney), 소라(Sora), 클로드(Claude), 미스트랄(Mistral), 수노(Suno) 등 다수의 인공지능이 선을 보이고 있으며, 이들로부터 파생되었거나 이들에 기반한 2차 및 3차 인공지능·앱·서비스들이 하루에도 수십 개씩 출시되는 실정이다. 이 중에서는 벌써 1억 명 이상의 정기적·주기적 사용자층을 확보한 것들도 어렵지 않게 찾을 수 있다. 오늘날의 문화 예술 작품 활동과 콘텐츠 창·제작, 그 중에서도 정보 기술을 적극적으로 활용하는 분야는 사실상 콘텐츠 생성 인공지능이 주도하고 있다고 보아도 과언이 아니다.

인공지능을 활용한 창·제작 및 관련 논의

그럼에도 인공지능과 문화 예술을 한 바구니에 담는 일은 아직, 혹은 여전히 낯설고 어색하다. 작품 활동은 역사가 있은(有史) 이래, 어쩌면 역사 이전(先史)부터 오롯이 인간에게만 허용되어 왔고 오직 인간만이 해낼 수 있는 일이라는 점에 우리가 별다른 의심을 품지 않았기 때문이다.

그뿐만이 아니다. 우리는 작품 활동 혹은 창·제작을 인간이 할 수 있는 일 중 가장 창의적인 행위, 즉 '가장 인간다운 행위'라는 점에도 역시 이렇다 할 이견을 제시하지 않았다. 이러한 맥락을 고려하면, 한동안 잠잠했던 인공지능에 관한 담론과 논의들이 다시 한번 수면 위로 떠오르는 오늘날의 현상은 어찌 보면 자연스러울 정도다.

'다시 한번'인 이유는, 한 걸음 물러나 더 넓고 통시적인 관점에서 볼 때 이런 종류의 논의들이 세간의 호기심을 충분히 자극할 만한 정보 기술적 성취가 등장하고 흥망성쇠함에 따라 주기적으로 떠오르고 또 가라앉는(浮沈) 경향을 보여 왔기 때문이다. 가장 가깝게는 2016년 3월에 있었던 알파고와 이세돌(李世乭, 1983~현재)의 대국을 들 수 있다. 이 대국은 당시까지 우리의 일상과 사실상 거의 무관한 것으로 치부되어 왔던 인공지능, 특히 대규모 심층 인공 신경망에 기반한 동시대 인공지능에 관한 논의를 촉발했다.

이후 몇 년간 바둑을 비롯해 다양한 영역과 분야에서 수많은 인공지능이 선을 보였고 또 잊혀 갔다. 알파고로부터 불과 몇 년 전, 구글이 자사의 번역 서비스에 인공지능을 전면적으로 확대 적용한다고 발표했을 때의 담론과 사회적 현상의 전개 양상 또한 유사했다. 금세기 들어 처음 벌어지는 일도 아니다. 지난 세기 말 1996년 2월에 있었던 IBM의 딥블루(Deep Blue)와 가리 카스파로프(Garry Kasparov, 1963~현재)의 체스 게임 때도 그러했고, 시간을 더 거슬러 오르면 일라이자 효과라는 말로 더 잘 알려진 1966년 MIT의 챗봇 일라이자 때도 마찬가지였다.

이 외에도 지난 60여 년간 다양한 인공지능과 정보 기술 소프트웨어가 꾸준히 선을 보였고, 이들의 내적 구조, 작동 원리, 그리고 작동 결과물 역시 지속적으로 향상 및 고도화되어 왔다. 그런데 관련 논의와 담론 또한 그에 상응할 정도로 충분히 진전하고 발전해 왔는지에 관해서는 재고할 필요가 있다. 인공지능 관련 논의의 대부분은 구조나 원리처럼 심층적이고 직접적인 층위가 아니라 결과물 중심, 즉 상대적으로 더 간접적이고 피상적인 층위에 집중하는 경향을 보이기 때문이다.

이로 인해 둘 사이에 간극이 발생한다. 이러한 경향은 2016년 알파고와 이세돌의 대국 관련 논의들에서도 잘 드러난다. 가령 단지 수학적 연산의 결과일 뿐인 알파고의 수를 두고 이세돌 9단은 "그것만으로도 충분히 창의적이고 아름답다"라고 평한 반면, 이세돌의 견해나 알파고의 수 혹은 대국 자체보다는 그것으로 말미암은 아연실색에, 바꿔 말하자면 '단지 수학적 연산의 결과일 뿐인 것이 어떻게 창의적이고 아름다울 수 있는가'에 더 천착했던 당시의 논의들이 이를 예증한다(Kohs, 2017).

인공지능 리터러시의 필요성

알파고가 내놓았던 수와 마찬가지로, 콘텐츠 생성 인공지능이 내놓는 결과물 또한 연산의 산물이다. 그런데 이번에는 그 결과물이 문학이며 회화며 사진이며 영화라는 점, 즉 우리가 '문화'나 '예술' 혹은 '작품'이라는 용어를 들을 때 떠올리는 것들에 더 가까운 형태를 지니고 있다는 점이 알파고 때와 다르다.

이를 보다 적확하고 정치한 방식으로 이해하기 위해서는 어느 한쪽만이 아니라 양측을 동시에 아우르는 융합적인 관점과 안목이 필요하다. 이것이 융합 연구의 핵심이다. 학제 간 연구(interdisciplinary study)로도 불리는 융합 연구는 서로 이질적인 것으로 간주되는 둘 또는 그 이상의 분야를 통시적이고 통합적인 관점에서 사유하는 연구 경향을 지칭한다. 이러한 맥락을 고려할 때, 융합 연구자에게 필요한 가장 기본적이며 가장 필수적인 역량은 한 분야의 고유한 성취를 다른 분야로 이끌고 도입하는 역량,

즉 '번역' 역량이다.

토머스 쿤 역시 ≪과학 혁명의 구조(The Structure of Scientific Revolution)≫(1970)에서 통약 불가능성(通約不可能性, Incommensurability)이라는 용어를 통해 번역의 중요성을 강조한 바 있다.

> 의사소통 실패는 단순 언어적 문제가 아니며 문제를 일으키는 용어의 정의를 다시 규정하는 정도로 해결할 수도 없다. [⋯] 의사소통에 실패한 당사자들이 할 수 있는 일은 번역가가 되는 것이다. [⋯] 각자는 상대방의 이론과 그것의 경험적 귀결들을 자신의 언어로 번역하는 법을 배움과 동시에 그 이론이 적용되는 세계를 자기의 언어로 서술하는 법도 함께 배운다(Kuhn, 1970).

이러한 맥락에서, 이 글은 필자의 지난 연구 중에서 인공지능을 활용한 작품 활동과 콘텐츠 창·제작이라는 주제에 부합하는 조각들을 추려 내고, 추려 낸 조각들을 다시 배열하여 새로운 맥락을 구성하고, 배열된 조각들의 이음새를 녹이고(熔融) 붙여서(結合) 매끈하게 다듬고, 핵심만 남을 때까지 군살을 깎아 내고 또 저며 내어 이야기의 무게를 최대한 줄이는 것에 중점을 두었다.

이렇게 만들어진 총 10개의 장은 필자의 지난 연구들, 그중에서도 "알고리즘과 콘텐츠 창작에 관한 예술공학적 이해"(2021), "콘텐츠 생성 인공지능에 관한 이해"(2023), "프롬프트 엔지니어링과 인간의 역할"(2023), 그리고 "콘텐츠 창작과 AI 리터러시"(2024) 등 정보 기술 및 인공지능을 활용한 문화 예술의 작품 활동과 콘텐츠 창 · 제작이라는 주제에 특히 유관한 연구 논문들에 크게 빚진다. 각 장을 개별적으로 읽는 경우에도 큰 무리 없도록 일정 수준의 독립성을 남겨 두려 노력했으며, 내용에 따라 크게 세 부분으로 묶어 읽거나 혹은 글의 흐름을 따라 처음부터 끝까지 한 호흡으로 읽는 것도 가능하도록 구성하고자 했다.

1장부터 3장까지는 글의 도입부로서, 인공지능을 활용한 작품 활동과 콘텐츠 창 · 제작이 오늘날의 모습으로 자리 잡게 된 배경과 흐름, 즉 '어제'를 역사적 관점에서 되짚어 본다. 1장에서는 정보 기술을 중심으로 한 새로운 작품 활동 분야가 어떻게 형성되기 시작했는지를 〈사이버네틱 세렌디피티〉와 〈소프트웨어〉 등, 해당 분야에서 중요한 입지를 점유하는 전시를 중심으로 둘러본다. 2장에서는 20세기 중반 무렵부터 본격적으로 전개된 초기 인공지능 연구를, 그중에서도 특히 언어적 측면에 천착했던 경향의 특성과 한계를 중심으로 살펴본다. 3장에서는 인공지능 연구에 중대한 전환점을 제공한 인공 신경망 및 역확산 개념을 중심으로 20세기 후반의 인공지능 연구 동향을 이해한다.

4장부터 7장까지는 '오늘'을 다룬다. 4장은 챗GPT를 비롯한 대규모 언어 모델과 스테이블 디퓨전으로 대표되는 잠재적 확산 모델의 개념과 작동 원리를 설명하고 이해하는 것에 집중한다. 5장에서는 콘텐츠 생성 인공지능을 실제 작품 활동에 활용한 사례로서 스티븐 마시가 에이단 마신이라는 필명으로 지난 2023년 초에 발표한 ≪어떤 작가의 죽음≫, 그리고 마찬가지로 지난 2023년 초 큰 화제를 불러일으킨 바 있는 보리스 엘닥슨의 〈전기 기술자〉를 소개한다. 6장에서는 작품 활동과 창 · 제작에 콘텐츠 생성 인공지능을 활용하는 것이 어떤 의미를 갖는지, 나아가 도구로서 인공지능의 역할과 이를 활용하는 사용자로서 아티스트가 갖추어야 할 태도와 역량에 대해 사유한다. 7장에서는 동시대 콘텐츠 생성 인공지능의 멀티-모달적 특성에 주목한다. 이 장에서는 낯설고 복잡한 프로그래밍 언어와 코드 대신 친숙한 인간의 언어로 된 프롬프트를 통해 인공지능과 상호 작용한다는 것의 의미, 나아가 프롬프트 엔지니어링이 작품 활동과 콘텐츠 창 · 제작에서 갖는 의의를 집중적으로 탐구한다.

8장과 9장, 그리고 10장에서는 인공지능을 활용한 작품 활동과 콘텐츠 창·제작의 '내일'을 준비한다. 8장에서는 인공지능에 관한 문해력인 AI 리터러시를 함양하기 위해 지향해야 할 것과 지양해야 할 것이 무엇인지를 고민한다. 9장에서는 멀티-모달 콘텐츠 생성 인공지능의 보급으로 인한 진입 장벽 완화가 창·제작 분야에 일으킨 지각 변동을 몇몇 이론가의 선구적 사유에 기대어 살펴본다. 마지막으로, 10장에서는 멀티-모달 콘텐츠 생성 인공지능이라는 새로운 도구와 공존하기 위해 인간 아티스트에게 새로이 요구되는 역할과 태도가 무엇일지를 가늠해 본다.

이상 10개의 장에 담긴 내용이 독자로 하여금 인공지능이라는 새로운 기술 환경에 대해 보다 건강한 입장과 태도를 견지하는 계기와 자양분으로 작용할 수 있기를 조심스레 기대한다.

참고문헌

Metz, C.(2023.5.1). 'The godfather of A.I.' Leaves Google and warns of danger ahead. *The New York Times*. https://www.nytimes.com/2023/05/01/technology/ai-google-chatbot-engineer-quits-hinton.html.

Kohs, G.(2017). AlphaGo(Documentary).

Kuhn, T. S.(1970). *The structure of scientific revolutions, Chicago.* IL (United States): The University of Chicago Press.

01

정보 기술을 활용한 작품 활동의 짧은 역사

콘텐츠 생성 인공지능 이전에도, 아티스트들은 컴퓨터와 정보 기술이 가져올 새로운 가능성을 다양한 방식으로 실험해 왔다. 현대적 의미의 컴퓨터가 등장하고 보급되기 시작한 20세기 중반 즈음부터, 정보 기술은 문화 예술 콘텐츠 창 · 제작 및 작품 활동에서 점차 더 중요한 입지를 점유하기 시작했다. 〈사이버네틱 세렌디피티〉와 〈소프트웨어〉는 디지털 아트 초기의 실험과 시도들을 드러내는 대표적 전시다.

초기 컴퓨터 아트와 전시 <사이버네틱 세렌디피티>

컴퓨터로 대표되는 일련의 정보 기술 시스템은 오로지 수학적 연산과 수리 논리적 체계에만 기반을 둔다. 컴퓨터라는 명칭 또한 그저 '산출(算出, compute)하는 기계'라는 뜻에 불과하다. 이는 우리의 오감 중 몇 개를 어떻게 그리고 얼마만큼 자극하든, 정보 기술을 활용해 만들어 낸 모든 결과물은 예외 없이 수학적이고 논리적인 연산의 산물임을 의미한다.

새로운 창·제작 도구를 찾던 1960년대의 아티스트들은 이 점에 주목했고, 이는 이후 '컴퓨터 아트'로 불리는 경향의 단초가 되었다. 〈사이버네틱 세렌디피티(Cybernetic Serendipity)〉를 언급하지 않고서 초기 컴퓨터 아트를 논하기란 쉽지 않다. 1968년에 영국 런던에서 열린 이 전시는 독일의 철학자 막스 벤스(Max Bense, 1910~1990)가 제안한 아이디어를 바탕으로 영국의 비평가이자 전시 기획자였던 야시아 라이카트(또는 재시아 리카트, Jasia Reichardt, 1933~현재)가 기획한 것이다. 정보 기술을 활용한 작품 활동의 시원(始原)으로 간주할 만한 작업들이 이 전시에서 첫선을 보였다 (Reichardt, 1968).

〈사이버네틱 세렌디피티〉가 제공하는 볼거리와 들을

거리는 그 전과는 완전히 다른, 그야말로 전혀 색다른 것들이었다. 전시 방식 역시 참신했다. 만들어진 결과물뿐만 아니라 그것을 만드는 데 사용한 시스템을 그 옆에 함께 전시했기 때문이다. 가령 컴퓨터를 활용해서 그린 그림만 벽에 걸어 두는 것이 아니라 그것을 그리는 데 활용한 시스템을 그 옆에 나란히 전시하고, 컴퓨터를 활용해서 만든 음악만 틀어 놓는 것이 아니라 그것을 만드는 데 사용한 컴퓨터를 함께 보여 주는 식이다. 전시장에는 대형 캐비닛만 한 컴퓨터 여러 대가 앞 다투어 윙윙거리는 소리를 내며 작동하고 있었고, 거기 연결된 음극선관(cathode ray tube: CRT) 화면이나 플로터(plotter)는 기하학적 무늬나 직선, 곡선, 숫자 뭉치 따위를 끊임없이 출력했다. 스피커에서는 어디서 들어 본 듯한 익숙한 음악이, 혹은 한 번도 들어 본 적 없는 낯선 소리가 줄곧 흘러나왔다. 키보드를 누르거나 라이트 펜(light pen)을 화면에 가져다 대면 그에 따라 다른 그림이나 소리가 나오기도 했다.

그 결과 전시를 찾은 이들은 첫째 컴퓨터라는 새로운 도구와, 둘째 그것이 작동하여 결과물을 만들어 내는 과정, 그리고 셋째 그렇게 만들어진 결과물 모두를 한곳에서 두루 아울러 즐길 수 있었다. 이 점에서, 〈사이버네틱 세렌디피티〉는 분명 정보 기술과 예술의 융합을 알린 기념

비적이자 선구자적인 전시였다.

전시 <소프트웨어>와 정보 기술의 소프트웨어적 측면의 중요성

런던 전시를 마친 〈사이버네틱 세렌디피티〉는 대서양을 건너 미국에 상륙했고, 1969년까지 약 1년여에 걸쳐 미국 전역을 순회하며 정보 기술을 활용한 문화 예술 창·제작의 시대가 도래했음을 널리 알렸다.

〈사이버네틱 세렌디피티〉 성료 이듬해인 1970년, 미국 뉴욕 기반의 컴퓨터 과학자이자 전시 기획자인 잭 버넘(Jack Burnham, 1931~2019)은 〈소프트웨어: 예술에서 정보 기술의 새로운 의미(Software: Information Technology, Its New Meaning for Art)〉 전시를 선보인다. 제목에서 직접적으로 드러나듯, 버넘은 정보 기술의 소프트웨어적 측면을 특히 중요하게 여겼다.

버넘의 관점은 그가 〈소프트웨어〉 전시의 카탈로그에서 인용한 테드 넬슨(Ted Nelson, 1937~현재)의 견해에서 분명하게 드러난다. 정보 기술에 능통한 철학자이자 〈소프트웨어〉 전시의 기술 자문이기도 했던 넬슨은 소프트웨어를 영혼이나 정신(mind)에, 하드웨어를 신체(body)에 비유하는 식으로 정보 기술을 의인화하는 인간 중심주의적

이분법이 그것에 관한 적확한 이해를 저해한다는 점을 강조했다(Burnham, 1970).

하드웨어와 소프트웨어는 정보 기술의 유이(唯二)한 구성 요소로, 둘의 관계는 상호 참조적인 방식으로 정의할 수 있다. 먼저, 하드웨어는 신체가 아니라 소프트웨어를 담는 물질적 기반(support)에 해당한다. 이 기반은 소프트웨어에 의해 작동하는 일련의 장치(device)들로 구성되어 있다. 하드웨어의 목적은 소프트웨어의 지시에 따라 작동함으로써 주어진 기능을 구현하는 것이다. 그러므로 하드웨어가 구성하는 것은 정보 기술의 신체적(bodily) 층위가 아니라, 물리적(physical) 층위에 더 관련한다.

한편 소프트웨어는 정신이 아니라 하드웨어에 담긴 내용(content)에 해당한다. 이 '내용'이라는 용어에 주목할 필요가 있다. 통상 이 용어는 주로 의미(sens)에 관련하지만, 소프트웨어의 경우에는 오직 기능(function)에만 관련하기 때문이다. 이유는 다음과 같다. 모든 소프트웨어는 직접적으로든 간접적으로든 프로그래밍의 소산이다. 즉, 소프트웨어는 기본적으로 프로그래밍 코드다. 그러나 코드는 하드웨어를 기능하도록 만드는 일련의 절차(procedure)를 수리 논리적 체계에 따라 정연하게 정리한 일종의 지시문(instruction)일 뿐, 의미나 심상 또는 감상

등과 무관하다. 즉, 소프트웨어가 구성하는 것은 정보 기술의 정신적(mental) 층위나 의미적 층위가 아니라, 논리적(logical) 층위와 기능적 층위다.

독일의 매체 철학자 프리드리히 키틀러(Friedrich A. Kittler, 1943~2011)의 관점은 하드웨어와 소프트웨어의 관계를 조망하기에 적합하다. 키틀러식으로 말하자면, 모든 소프트웨어의 목적은 하드웨어를 작동하는 것, 즉 하드웨어를 구성하는 반도체 소자들에 가해지는 전압을 조작하는 것이며, 마찬가지로 모든 하드웨어의 목적은 그러한 소프트웨어를 떠받치는 물질적 기반을 구성하는 것이다 (Kittler, 1992). 요컨대 하드웨어와 소프트웨어는 '담는 것'과 '담긴 것'의 관점에서 상호 필수 불가결하며, 상호 의존적임과 동시에 상호 보완적인 관계에 있는 셈이다.

디지털 아트의 다양한 갈래와 인공지능 예술

〈사이버네틱 세렌디피티〉와 〈소프트웨어〉의 성공 이후, 정보 기술은 빠르게 작품 활동의 핵심 요소로 자리 잡았다. 더 많은 아티스트들이 더 다양한 정보 기술을 더 본격적이고 더 다채로운 방식으로 작업에 적용하기 시작했다. 오롯이 정보 기술만을 활용하는 경우뿐만 아니라, 기존의 작업 방식에 정보 기술을 섞고, 접붙이고, 융합하는 등 실험적인 시도가 줄을 이었다.

이들은 스스로의 작품 활동을 더 적확하게 지칭하기 위한 용어도 함께 만들어 제시했다. 컴퓨터 아트(Computer art)를 비롯해 소프트웨어 아트(Software art), 알고리즘 아트(Algorithmic art), 사이버네틱 아트(Cybernetic art), 생성 아트(Generative art), 인터랙티브 아트(Interactive art), 몰입 아트(Immersive art), 랜덤 아트(Random art), 로봇 아트(Robotic art), 네트워크 아트(Net art), 컴퓨팅 아트(Computational art) 그리고 뉴미디어 아트(New media art) 등 1980년대와 1990년대를 지나 길게 보아 지난 세기 말까지 특히 융성했던 경향들이 이에 해당한다. 문화 예술의 다른 경향들을 지칭하는 용어와 마찬가지로, 이 용어들 역시 해당 경향이 더 강조하는 특성을 직접적으로 드러냈다. 가령 랜덤 아트는 디지털 기술의 무작위성(randomness)을, 뉴미디어 아트는 새롭게 등장한 매체(New media)들의 새로운 특성을 전면에 내세우는 식이었다.

새로운 세기가 시작할 즈음, 아티스트들의 실험은 마침내 디지털 아트(Digital art)라는 거대한 결실을 맺었다. 오늘날 문화 예술 콘텐츠 창·제작 전반에 걸쳐 디지털 아트가 차지하는 비중을 고려한다면, 정보 기술과 문화 예술은 이미 통합이나 융합 수준을 넘어 불가분의 관계에 이르렀다고 보아도 과언이 아니다. 인공지능 예술, 혹은 인공지능을 활용한 문화 예술 콘텐츠 창·제작은 이 관점에서 이해할 필요가 있다. 어떤 새로운 분야나 흐름이 아니라, 디지털 예술이라는 큰 물줄기가 한 굽이를 넘어 다음 국면에 접어드는 것으로 보는 편이 더 타당하기 때문이다.

참고문헌

윤나라(2021). 알고리즘과 콘텐츠 창작에 관한 예술공학적 이해: 〈월 드로잉 358번〉의 두 가지 버전을 중심으로. ≪인문콘텐츠≫ 61호, 95~117.

Burnham, J.(éd., 1970). Notes on art and information processing. *Software* (exhibition catalogue). New York (United States): Jewish Museum.

Kittler, F. A.(1992). There is no software. *Stanford Literature Review,* 9:1, pp. 81~90.

Reichardt, J.(1968). Editorial. Cybernetic serendipity: the computer and the arts (exhibition catalogue). London (United Kingdom): *Studio International.*

02

백과사전식 데이터베이스와 전시대 인공지능

초기 인공지능 연구는 문자 언어 구사 능력을 지성이나 지능의 핵심 요소로 보았다. 일라이자로 대표되는 이 시기 인공지능은 입력받은 문장을 미리 정해진 규칙과 패턴에 따라 분석한 다음, 마치 실제 인간이 답하는 것처럼 '보이는' 문장이나 글을 만들어 출력하는 것에 천착했다. 그러나 지성이나 지능이 오직 언어로만 구성되는 것은 아니며, '인간만큼'이라는 기준 역시 추상적이고 모호하다는 점에서 한계를 보였다.

전자식 컴퓨터의 등장과 지능의 인공적 구현 시도

역사가 있은 이래 인류는 지성과 지능에 관해 끊임없이 사유해 왔고, 그것의 인공적 구현에 관해서도 꾸준히 연구해 왔다. 지능의 인공적 구현을 향한 인류의 노력은 20세기 중반, 마침내 컴퓨터와 정보 기술을 조우한다.

최초의 전자식 범용 컴퓨터인 에니악(Electronic Numerical Integrator and Computer: ENIAC)은 완성까지 1943년 중순부터 1945년 말까지 총 2년 이상의 시간이 소요되었다. 에니악의 크기는 큰 방 하나를 꽉 채울 만큼 거대했고 무게 또한 30톤에 달했지만, 그럼에도 에니악으로 할 수 있는 일은 사칙 연산을 비롯한 몇몇 기초적인 산술 계산뿐이었다. 초당 약 5000번의 연산 속도 역시 당시의 기준으로는 그 어떤 기계식 계산기보다 빨랐지만, 오늘날의 관점에서 보면 터무니없을 정도로 느렸다. 에니악의 의의는 간단한 산술적 계산만으로도 충분히 복잡하고 복합적인 결과물을 만들어 낼 수 있음을 드러내 보였다는 점에 있다. 에니악의 성공은 전자식 컴퓨터의 본격적 활용 및 다양한 응용 가능성을 타진하는 시도로 이어졌다.

1950년, 수학자이자 논리학자 그리고 컴퓨터 과학자였던 앨런 튜링(Alan M. Turing, 1912~1954)은 논문 "계산

기계와 지능(Computing Machinery and Intelligence)"을 발표한다. 이 논문에서, 튜링은 산술적 · 수학적 방식을 통한 지능의 인공적 구현 가능성을 면밀히 탐구함으로써 향후 인공지능 연구에 중대한 단초를 제공했다. 아울러 튜링은 그렇게 구현된 지능이 인간에 견줄 만한 수준에 이르렀는지를 판별하기 위한 방안으로 튜링 테스트(Turing test) 혹은 이미테이션 게임(Imitation game)으로 불리는 일종의 사고 실험 역시 함께 제안했다(Turing, 1950).

튜링 테스트는 인간 판별자와 인공지능이 서로를 전혀 확인하거나 인지할 수 없는 방식으로 완전히 분리 및 격리된 상황에 오직 문자 언어, 즉 글을 통해서 소통하는 경우만을 전제한다. 튜링 테스트의 과정은 다음과 같다. 첫째, 인간 판별자는 인공지능에게 글을 통해 질의한다. 둘째, 인공지능은 이 질의에 글로 응답한다. 셋째, 인간 판별자는 개별적 기준에 의거하여 그에게 제시된 응답이 인간에 의한 것인지 인공지능에 의한 것인지를 판별한다.

만약 어떤 인공지능의 문자 언어 구사 수준이 인간의 그것에 미치지 못한다면, 판별자는 그것이 내놓은 응답이 인간에 의한 것이 아님을 어렵지 않게 판별할 수 있을 것이다. 이 경우 해당 인공지능은 튜링 테스트에 실패하고, 그 인공지능의 지적 수준 역시 인간에 견줄 만한 수준에 이르지 못한 것으로 간주된다. 반대로 만약 어떤 인공지능이 인간의 문자 언어 구사 능력을 충분히 '흉내 낼(imitate)' 수 있다면, 판별자는 그것이 내놓는 응답이 인간에 의한 것인지 아닌지 쉽게 판별하기 어려울 것이다. 이 경우 주어진 인공지능은 테스트를 성공적으로 통과하며, 튜링 테스트의 관점에서 이는 곧 해당 인공지능의 지적 수준이 인간에 견줄 만함을 의미한다.

이 과정에서, 판별자의 개인적 경험이나 주관적 견해 등 객관성을 저해할 수 있는 외부 요소들이 필연적으로 개입한다. 이것이 튜링 테스트의 첫 번째 구조적 한계다. 튜링 테스트의 두 번째 한계는 오직 언어적 측면에만, 그중에서도 문자 언어 구사 측면에만 관련한다는 점이다. 언어가 지능이나 지성의 핵심 요소임은 분명하지만, 그렇다고 해서 지능과 지성이 오직 글만으로 구성되는 것은 아니기 때문이다. 그럼에도 튜링 테스트는 인공지능의 지적 수준을 평가하는 첫 번째 기준을 제시했다는 점에서 중요한 의의를 갖는다.

단순 패턴 매칭 알고리즘과 일라이자 효과

튜링과 튜링 테스트 이후 한동안 인공지능 연구는 언어적 측면, 특히 문자 언어 이해 및 구사 측면에서 인간을 충분히 '흉내 낼 수 있고', 심지어 마치 인간처럼 '느껴지는' 인공지능을 개발하는 일에 천착했다.

일라이자는 그중 가장 대표적인 사례 중 하나로, MIT의 조지프 바이젠바움(Joseph Weizenbaum, 1923~2008)이 1964년부터 1967년까지 약 3년에 걸쳐 개발한 챗봇(Chatbot)이다.

챗봇 일라이자는 단순 패턴 매칭(pattern matching) 방식에 기반을 둔다. 패턴 매칭 방식에서 가장 중요한 것은 문장의 구조를 파악하기 위한 패턴이나 규칙 등이 명시적으로 미리 정의된(explicitly pre-defined) 규칙 기반(rule-based) 데이터베이스와 분석 알고리즘이다. 일라이자를 비롯한 패턴 매칭 방식 기반 챗봇은 이 알고리즘에 의거하여 사용자가 입력한 문장을 데이터베이스에 단순히 대차 대조하는 방식으로 문장의 구조를 분석하고, 응답을 생성하는 데 필요한 정보를 수집한다.

사용자가 '나는 독서를 좋아합니다'라는 문장을 챗봇 일라이자에 입력했다고 가정해 보자. 이 챗봇에 내장된 패턴 매칭 알고리즘은 이 문장을 띄어쓰기를 기준으로 나눈 다음, 각 조각들을 미리 정의된 구문법 데이터베이스에 대조하여 문장의 구조를 분석한다. 가령 '나는'은 주격 어조사 '은/는/이/가'가 붙어 있으므로 주어로, '독서를'은 목적격 어조사 '을/를'이 붙어 있으므로 목적어로, '좋아합니다'는 술어로 간주하는 식이다.

응답을 만드는 방식도 크게 다르지 않다. 거칠게 요약하자면, 패턴 매칭 방식 챗봇이 응답을 만들어 출력하는 과정은 입력받은 문장을 분석하는 과정에서 수집한 정보에 상술한 것과 같은 알고리즘과 데이터베이스를 다시 한 번, 그러나 이번에는 나누고 분석하기 위해서가 아니라 만들고 생성하기 위해서 적용하는 것에 비유할 수 있다. 상술한 사례에서 이는 주격 어조사 한 글자만 바꾸어 '나도 독서를 좋아합니다'를 출력하거나, 혹은 거기에 간단한 감탄사를 덧붙여 '그렇군요. 나도 독서를 좋아합니다' 등의 문장을 만들고 출력하는 것에 해당한다.

여기서 주목할 점은, 챗봇 일라이자가 문장의 내용이나 의미를 '실제로' 혹은 '정말로' 이해(理解, comprehend)하거나 해석(解釋, interprete)한 것은 아니며, 그럴 수도 없었다는 점이다. 주지하다시피 일라이자는 패턴 매칭 방식의 문장 분석 및 생성 알고리즘에 지나지 않으며, 넓게 보더라도 '유사(類似)' 또는 '의사(疑似)' 인공지능 이상으로 간주하기 어렵다. 이 글에서 일라이자를 지속적으로 챗봇으로 부르는 이유도 여기에 있다.

그럼에도 일라이자를 사용해 본 이들 중 상당수는 일라

이자가 대화의 맥락을 실제로 이해하는 것 같다거나 자신들에게 공감하는 것 같다고 느꼈으며, 그중에는 일라이자를 지적 존재나 그에 준하는 어떤 것으로 간주하는 이들도 적지 않았다. 이것이 '일라이자 효과(ELIZA effect)'다. 요컨대 일라이자는 단순 패턴 매칭 알고리즘에 불과했지만, 그것만으로 일정 수준 이상의 지적 특질을 지닌 것처럼 보이기에는 충분했던 셈이다.

지식-기반 인공지능의 등장과 한계

일라이자는 초기 인공지능 연구 분야 중 언어 처리, 특히 글을 매개로 사용자와 커뮤니케이션하는 인공지능을 연구하는 분야에 큰 영향을 주었다. 패턴 매칭 방식을 활용하면 사용자와 주고받는 메시지의 내용과 의미를 인간과 동일한 방식으로 이해하거나 해석하지 않고서도 대화의 맥락과 흐름을 유지하는 인공지능을 구현할 수 있음이 일라이자 효과를 통해 드러났기 때문이다.

이는 전문가 시스템(Expert system), 나아가 지식-기반 시스템(Knowledge-based system) 등의 연구 경향으로 이어졌다. 지식-기반 시스템 방식으로 구현한 인공지능의 핵심은 지식(knowledge)을 최대한 명시적이고 상세하게 구조화하고 패턴화하는 방식으로 구축한 백과사전식 데이터베이스, 즉 해당 인공지능이 참조하는 지식의 기반(knowledge base)이다. 이 지식의 기반이 얼마나 상세한지, 얼마나 넓은 범주를 아우를 수 있는지, 그리고 그것을 얼마나 빠르고 효과적인 방식으로 검색하고 참조하고 활용할 수 있는지 등이 곧 지식-기반 인공지능의 기능과 성능을 결정했다.

그러나 지식-기반 시스템 중심 인공지능 연구는 금세 한계에 봉착했다. 이유는 튜링 테스트 때와 크게 다르지 않았다. 지식이 오직 언어로만 구성되는 것은 아니며, 따라서 언어만으로는 지식의 모든 면모를 충분히 옮길 수 없었기 때문이다. 아무리 명확하고 상세한 언어를 사용하더라도, 지식을 언어로 옮기는 과정에서 필연적으로 일정 수준 이상의 손실이 발생했다. 손실을 최소화하기 위해 더 명확하고 상세하게 표현할수록 지식 데이터베이스의 크기는 급격히 증가했고, 인공지능 시스템의 성능은 그에 반비례하여 급격히 감소했다.

이것이 지식-기반 시스템의 정보 과잉(overload)이다. 이는 제국을 최대한 자세하고 정확하게 묘사하려던 지도 제작자들이 결국 그 제국 전체를 뒤덮을 만큼 거대한 지도를 만들고 말았다는 우화를 떠올리게 한다(Borges, 1946). 최대한 많은 정보를 담으려다 지도로서의 효용과 가치를 잃어버린 것처럼, 최대한 많은 지식을 담으려다 인공지능 시스템으로서의 효용과 가치를 크게 상실한 것이다.

지식-기반 시스템 중심 인공지능 연구의 특징과 한계는 외우기나 암기를 중심으로 하는 학습 방식의 그것과 결을 나란히 한다. 그러나 단지 이 점에만 기대어 지식-기반 인공지능 연구의 성과를 평가절하하거나, 외우기와 암기를 창의나 작품 활동과 무관한 것으로 일축하는 접근은 권장할 만하지 않다. 외우기나 암기가 학습과 훈련의 전부는 아니지만, 그것을 통해 축적된 지식이 배움과 앎의, 나아가 창의의 토대를 구성한다는 점 또한 부정하기 어려운 사실이기 때문이다.

참고문헌

Borges, J. L.(1946). *Del rigor en la ciencia.*

Turing, A. M.(1950). Computing machinery and intelligence. *Mind, vol. LIX*, no. 236, pp. 433~460.

03

인공 신경망과 동시대 인공지능

인공 신경망은 자연 신경망의 작동 원리를 수학적 논리와 프로그래밍을 통해 구현한 것이다. 인공 신경망은 역확산 알고리즘에 기반하여 시스템의 내적 구조를 주어진 목표에 점차 가까워지도록 재구성한다. 역확산에 기반을 둔 인공 신경망의 자기-조직은 시행착오나 자기반성을 통한 아티스트의 점진적 성장과 결을 나란히 한다. 이는 인공지능의 학습 및 작동과 문화 예술의 작품 활동이 본질적 층위에서 크게 다르지 않음을 시사한다.

자연 신경망의 인공적 구현 시도

지식-기반 시스템이 정보 과잉으로 인한 효율 저하 문제를 겪던 1970년대 후반을 '인공지능 연구의 첫 번째 겨울'로 일컫는다. 이 겨울은 인공지능 연구의 또 다른 중요한 경향인 연결주의(連結主義, Connectionism)가 마침내 가시적 성과를 내기 시작한 1980년대 중반까지 지속되었다. 백과사전식 데이터베이스를 중심으로 하는 지식-기반 시스템과 달리 연결주의는 인공 신경망에 기반을 둔다는 차이를 보인다.

인공 신경망을 이해하기에 앞서 자연 신경망에 관한 이해를 선행할 필요가 있다. 자연 신경망은 수많은 뉴런 가닥들이 서로 복잡하게 얽히고 긴밀하게 연결되어 형성된 정교하고 거대한 네트워크다. 이를 연결체 혹은 커넥톰(Connectome)이라고 부른다. 감각과 인지를 비롯한 생물 개체의 모든 정보 처리 과정이 바로 이 커넥톰에서 이루어진다(Seung, 2012). 인공 신경망 연구는 이 생물학적 네트워크가 전기적이고 화학적인 방식을 통해 스스로를 자기-조직(Auto-organisation 혹은 Self-organization)하면서 정보를 입력받고, 전달하고, 처리하고, 출력하는 일련의 과정을 수학적 논리에 기반을 둔 프로그래밍 언어를 통해 인공적으로 구현하는 것을 목표로 한다.

최초의 인공 신경망은 코넬대학교의 프랭크 로젠블랫(Frank Rosenblatt, 1928~1971)이 1957년에 발표한 퍼셉트론 마크 1(Perceptron Mark I)이다. 퍼셉트론 마크 1은 인공지능 연구의 역사에서 매우 중요한 입지를 점유한다. 이제는 필수 수준을 넘어 당연해진 기계 학습(machine learning) 개념뿐만 아니라, 사용자로부터 정보를 입력받아 신경망 내부로 전달하는 입력층(input layer), 그렇게 입력받은 정보를 다양한 방식으로 처리하고 전달하는 인공 뉴런(artificial neuron), 그 뉴런들이 서로 만나고 교차하는 지점인 노드(node), 이 노드에서 뉴런들이 상호 작용하는 강도를 수학적으로 표현한 값인 가중치(weight), 그리고 신경망 내부에서 처리된 정보를 사용자에게 내놓는 출력층(output layer) 등, 오늘날 인공 신경망 기반 인공지능을 구성하는 핵심 요소들이 퍼셉트론 마크 1에서 처음 등장했기 때문이다.

향후 인공지능 연구에서 필수 불가결한 개념들을 처음 제시하고 그 가능성을 입증(proof of concept)했다는 중요한 의의에도 불구하고, 퍼셉트론 마크 1로 할 수 있는 일은 단순하고 기초적인 이진 분류 작업(binary classification) 정도에 불과했다. 인공 신경망 연구가 이제 막 첫발을 떼던 시기였음은 물론이고, 당시 컴퓨터 하드웨어의 연산 성능 또한 그 이상의 작업을 수행할 만한 규모의 인공 신경망을 만들고 실행하기에 충분하지 않았기 때문이다. 인공 신경망을 통해 지능의 더 고차원적인 측면을 구현하기 위해서는 그에 상응하는 성능을 지닌 하드웨어, 그리고 그 하드웨어를 효과적으로 활용할 새로운 접근 방법론이 필요했다.

역확산과 인공 신경망의 자기-조직

퍼셉트론 마크 1의 사례는 하드웨어 성능 향상과 새로운 접근 방법론의 탐구가 함께 이루어질 필요가 있음을 시사한다. 더 정교하고 고차원적인 인공지능 시스템을 구현하기 위해서는 이 두 측면이 균형 잡힌 방식으로 고르게 발전할 필요가 있기 때문이다.

퍼셉트론 마크 1이 인공 신경망 기반 인공지능의 가능성을 내비친 이후, 하드웨어의 연산 성능은 시간이 지남에 따라 점차 상승했다. 이는 인공 신경망을 구성하는 뉴런 및 노드 수의 증가와 망의 다층(multi-layer)화로 이어졌고, 망의 복잡도 증가는 곧 망의 데이터 처리량 증가를 의미했다. 망이 처리할 수 있는 데이터의 양이 늘면서 인공지능의 성능 또한 조금씩 나아져 갔지만, 그럼에도 지식-기반 시스템에 비하면 인공 신경망 기반 인공지능의 성능은 아직 요원한 수준이었다.

여기에 전환점을 제공한 개념이 역전파 혹은 역확산(backpropagation)이다. 역확산은 사용자가 시스템의 구조를 직접 조정하지 않고도, 사용자가 원하는 결과와 실제 결과 사이의 오차를 최소화하는 방향으로 시스템이 자체적으로 내부 구조를 조정할 수 있게 하는 수리 논리적 알고리즘이다. 본래 이 개념은 퍼셉트론 마크 1을 설계한 로젠블랫이 1962년에 "역-확산 방식 오류 정정(Back-propagating error correction)"이라는 표현과 함께 처음 제안한 것이지만, 앞서 살펴본 바와 같이 당시 하드웨어 성능의 한계로 유의미한 수준으로 실제 구현되지는 못한 채 후일을 기약해야만 했다.

흥미로운 점은, 이 역확산 개념이 1970~1980년대를 거치며 컴퓨터 과학뿐만 아니라 수학, 물리학, 심리학, 인지 과학 등 정보의 입출력 및 처리를 다루는 다수의 학문 분야에 걸쳐 거의 동시다발적으로 재조명되고 또 연구되기 시작했다는 점이다. 핀란드의 수학자이자 컴퓨터 과학자인 세포 린나인마(Seppo I. Linnainmaa, 1945~현재), 미국의 사회 과학자이자 초기 기계 학습 연구자인 폴 웨어보스(Paul J. Werbos, 1947~현재), 미국의 심리학자이자 수학자인 데이비드 루멜하트(David E.

Rumelhart, 1942~2011), 그리고 1980년대 당시 루멜하트와 함께 캘리포니아대학교 샌디에이고(UC San Diego) 산하 인지 과학 연구단에서 박사후과정 중이던 제프리 힌턴(Geoffrey E. Hinton, 1947~현재) 등이 각자의 방식으로 역확산을 활발하게 연구했다(Rumelhart, et al., 1986).

역확산 알고리즘의 원리를 요약하자면 다음과 같다. 정보 처리 시스템은 말 그대로 입력받은 정보를 처리하여 출력하는 시스템을 지칭하는데, 일반적인 정보 처리 시스템에서 정보는 입력층에서 출력층 방향으로, 즉 '순(順)' 방향으로만 흐를 수 있다. 이러한 시스템이 출력하는 결과를 조정하기 위해서는 사용자가 시스템 외부에서 정보 처리 과정을 직접 조정해야 하며, 시스템이 내부적이고 자체적인 방식으로 조정하기는 어렵다. 정보가 한 방향으로만 흐르다 보니 정보 처리 과정의 가장 마지막 단계에 해당하는 출력층의 상태가 시스템 내부로 전달되지 않기 때문이다.

반면 역확산 알고리즘이 적용된 시스템에서는 정보가 순방향뿐만 아니라 출력층에서 입력층 방향으로도, 즉 '역(逆)'방향으로도 흐를 수 있다. 이는 출력층의 상태가 사용자의 외부적 개입이나 조정 없이 시스템 내부로 직접 전달

될 수 있음을, 따라서 시스템이 자체적으로 정보 처리 과정을 조정할 수 있음을 의미한다. 이것이 역확산 알고리즘에 기반을 둔 자기-조직이다. '역확산'이라는 용어는 바로 이 역방향의 정보 흐름을, 그리고 그 흐름이 시스템의 각 층위에 전파(傳播)나 확산(擴散) 혹은 '퍼지면서(propagate)' 시스템의 정보 처리 과정이 자기-조직적인 방식으로 재구성되는 과정을 빗대어 표현한 것이다.

동시대 대규모 심층 인공 신경망의 학습 및 훈련과 문화 예술의 작품 활동

인공지능 연구에서 역확산 개념이 중요한 이유는, 이 알고리즘이 인공 신경망의 자기-조직화를 가능하게 함으로써 인공지능 시스템이 오늘날의 모습을 갖추는 데 크게 기여했기 때문이다.

역확산이 하나 이상의 층위에 걸쳐 이루어질 수 있다는 점에 주목한 연구자들은 점점 더 많은 층을 지닌 신경망을 만들어 내놓기 시작했다. 1980년대가 채 끝나기도 전에, 다(多, multi)층화는 신경망 연구의 기본 경향으로 자리 잡았다. 1990년대를 지나며 발전을 지속한 이 경향은 이번 세기에 이르러 알렉스넷으로 대표되는 심(深, deep)층 인공 신경망 연구 시대의 개막을 이끌었다(Krizhevsky, et al., 2017).

신경망의 층위가 깊어짐에 따라 데이터 처리량과 처리 속도 역시 동반 상승했다. 정보 처리 과정과 구조를 시스템이 자체적으로 조정할 수 있다는 역확산의 자기-조직적 특성이 이를 더욱 가속했다. 연구자들은 주어진 인적 · 물적 자원을 신경망 구조의 미세 조정에 쏟는 대신 더 '많은' 양의 학습 데이터로 구성된 더 '큰' 학습 데이터베이스, 즉 빅 데이터(big data)를 구축하는 방향으로 집중할 수 있었고, 그렇게 구축한 거대한 데이터베이스를 효과적으로 처리하고 학습하는 데 한층 더 향상된 하드웨어 연산 성능이 힘을 보탰다. 요컨대 대규모 심층 인공 신경망에 기반한 동시대 인공지능은 역확산 및 자기-조직 개념의 연구와 발전, 하드웨어 성능의 지속적 향상, 인공 신경망의 다층화 및 심층화, 그리고 빅 데이터의 등장과 활용 등이 서로 긴밀하게 맞물리고 상호 작용한 결실인 셈이다.

동시대 인공지능의 주요 특징들, 그중에서도 특히 첫째 최대한 많은 데이터를 최대한 면밀하게 학습하고 훈련한다는 점, 둘째 학습과 훈련의 과정을 자기-조직적인 방식으로 자체 조정한다는 점은 우리에게 중요한 사유 지점을 제공한다. 인공지능의 학습 및 작동과 문화 예술의 작품 활동이 본질적 층위에서는 크게 다르지 않음을 예증하기 때문이다.

원하는 목표를 달성하기 위해 인공지능이 최대한 많은 데이터를 최대한 상세하게 학습하는 것과 마찬가지로, 아티스트 역시 선배와 동료 그리고 후배의 작업과 작품을 최대한 많이 경험하는 것으로부터 작품 활동을 시작한다. 다만 인간이 학습의 기반으로 삼는 경험은 상대적으로 더 주관적(主觀的, subjective)이고, 암시적(暗示的, implicit)이며, 정성적(定性的, qualitative)인 특질을 지니는 반면, 인공지능이 훈련의 기반으로 삼는 데이터는 상대적으로 더 객관적(客觀的, objective)이고, 명시적(明示的, explicit)이며, 정량적(定量的, quantitative)인 특질이 더 두드러진다는 점이 다르다.

주어진 목표와 실제 결과 사이의 차이를 인식하고 이를 자체적으로 피드백하기를 반복하며 점차 목표에 가까워지는 방향으로 스스로를 조정한다는 점에서, 인공지능의 자기-조직은 인간의 시행착오와 매우 유사하다. 아티스트 역시 원하는 결과물을 얻기 위해 수많은 시도와 시행착오를 거듭하며, 이번 시도로부터 얻은 비판적 분석을 발판 삼아 차근차근 나아가는 과정은 그 자체로 이미 작품 활동과 다름없다. 다만 인간의 시행착오에는 직관이나 영감처럼 상대적으로 덜 논리적이거나 심지어 설명 불가능한

(inexplicable) 어떤 특질들도 종종 관련하는 반면, 인공 신경망의 자기-조직은 수학적 논리라는 매우 명시적이고 체계적인, 그러므로 항상 설명 가능한(explicable) 체계만이 관련한다는 점이 다를 뿐이다.

그러나 이를 두고 인간과 인공지능 사이의 우열이나 위계를 따지는 접근은 핵심을 빗겨난다. 인공지능과 정보기술의 기반인 수학과 논리는 인간의 놀라운 직관이나 번뜩이는 영감, 혹은 참신한 독창성 등을 복잡한 숫자나 뜻 모를 기호로 환원하고 해체하여 흩뿌려 버리는 것이 아니다. 오히려 그것을 완전히 새로운 방식으로, 그리고 지금까지 본 적 없는 수준으로 재구성함으로써 그것들을 사상 처음으로 가까이서 자세히 들여다볼 수 있도록 돕는 미증유의 도구다.

토머스 쿤(Thomas S. Kuhn, 1922~1996)이 지적한 바와 같이, 인공 신경망/인공지능과 인간 신경망/인간 지능은 "동일한 어휘를 다른 의미로 사용하는 공약 불가능(incommensurable)"한 별개의 구분된 개념 이상도 이하도 아니다(Kuhn, 1962; 1970). 그보다, 인공지능의 지성과 창의에 관한 논의를 '그렇다면 과연 우리 인간의 지성과 창의는 무엇인지'에 관해서 다시 한번 생각해 볼 수 있는 기회로 삼는 편이 더 권장된다. 문화 예술 작품 활동의 관점에서 보면 더욱 그러하다. 문화와 예술은 더함과 덜함이 아니라 닮음과 다름에 관련하며, 작품 활동의 핵심이 바로 이 다름을 인정하고 존중하는 것으로부터 시작하고 그것으로 귀결되기 때문이다.

참고문헌

Krizhevsky, A., et al.(2017). ImageNet classification with deep convolutional neural networks. *Communications of the ACM, vol. 60,* no. 6, New York, NY (United States): ACM, pp. 84~90.

Kuhn, T. S.(1970). *The structure of scientific revolutions, Chicago.* IL (United States): The University of Chicago Press.

Rumelhart, D. E., Hinton G. E. & Williams R. J.(1986). Learning representations by back-propagating errors. *Nature,* no. 323, pp. 533~536.

Seung, S.(2012). *Connectome: How the brain's wiring makes us who we are.* Boston, MA (United States): Houghton Mifflin Harcourt.

04

생성 인공지능의 작동 원리와 활용 방안

콘텐츠 생성 인공지능은 가장 유용한 창 · 제작 도구 중 하나로 자리매김했다. 이를 더 효과적으로 활용하기 위해서는 결과물의 특성뿐만 아니라 작동 원리에 관한 이해를 함께 함양할 필요가 있다. 잠재적 확산 모델은 노이즈를 무한한 가능성을 지닌 재료로 삼아 그림이나 사진, 영상 등의 시각적 결과물을 생성하고, 대규모 언어 모델은 단어들 사이의 확률 및 통계적 상관관계에 기반해서 문장과 맥락을 만들어 낸다.

본격적인 의미에서 동시대 인공지능으로 간주할 수 있을 만한 알렉스넷이 2012년에 발표된 이후 채 4년도 지나지 않은 2016년 초, 우리는 알파고로 대표되는 고속 · 고성능 인공지능의 등장과 그로 인한 사회적 파장을 목도했다.

알파고가 일으킨 파장이 채 다 가시기도 전에, 챗GPT, 클로드, 미스트랄, 스테이블 디퓨전(Stable Diffusion), 미드저니, 수노, 소라, 비오(Veo) 등 다양한 콘텐츠 생성 인공지능이 등장했다. 이들은 불식간에 우리 일상에 스며들었고, 문화 예술 작품 활동에도 빠른 속도로 매끄럽게 융합되었다. 특히 창 · 제작 분야에서 이들이 선보이는 면모는 알파고를 옛이야기로 만들기에 충분하다. 콘텐츠 생성 인공지능과 이를 활용하여 만들어 낸 결과물을 둘러싼 담론에서 창의(創意, creativity)나 독창(獨創, originality), 나아가 지식 생태계의 변화까지 언급하는 경우를 찾는 일도 어렵지 않다. 오늘날의 문화 예술 콘텐츠 창 · 제작은 콘텐츠 생성 인공지능 활용이 주도하고 있다고 보아도 과언이 아니다.

콘텐츠 생성 인공지능의 유형과 작동 원리는 그것을 활용하여 만들어 낼 수 있는 결과물의 양과 종류만큼이나 다양하다. 글 한 편에서 이를 전부 다루기는 어려운 관계로, 이 글에서는 그중 가장 보편적으로 활용되는 두 유형에만,

그중에서도 결과물을 만들어 내는 작동 원리 측면에만, 그리고 그중에서도 가장 핵심적인 부분에만 초점을 맞춘 다음, 전문 용어를 최대한 배제하는 방식으로 가급적 쉽게 풀어 설명하고자 한다.

첫째는 텍스트 혹은 맥락 생성에 주로 활용되는 대규모 언어 모델(Large Language Model: LLM)이고, 둘째는 이미지 혹은 시각적 결과물 생성에 주로 활용되는 잠재적 확산 모델(Latent Diffusion Model: LDM)이다.

대규모 언어 모델의 작동 원리와 특성

대규모 언어 모델은 콘텐츠 생성 인공지능의 한 유형으로, 주로 단어나 문장, 문단 등의 텍스트 기반 맥락 생성에 활용된다.

챗GPT를 비롯한 대규모 언어 모델 기반 콘텐츠 생성 인공지능은 단어와 단어 사이의 통계적 상관관계에 '집중(集中, attention)'하고, 이를 기반으로 맥락을 만들어 나간다. 이것이 언어 모델의 핵심 원리 중 하나인 어텐션 메커니즘(attention mechanism)이다.

예를 들어, '사과는'이라는 문구 하나가 언어 모델에 주어졌다고 가정하자. 이 문구는 '사과'라는 과일을 지칭하는 일반 사물 명사 하나에 '는'이라는 주격 어조사 하나가

결합하여 만들어진 것이다. 언어 모델은 이에 기반하여 '배는', '딸기는', '포도가', '감귤이'처럼 과일이 주어인 경우 그다음 자리에 무엇이 놓이는지에 집중한다. '기쁘다'나 '검다'보다 '맛있다'나 '빨갛다', '탐스럽다' 등일 확률과 빈도가 더 높을 것이고, 이에 따라 '사과는' 뒤에 '맛있다'를 놓아 '사과는 맛있다'를 만들어 출력한다. 이것이 가능한 이유는 언어 모델의 학습이 단어와 단어, 문구와 문구, 그리고 문장과 문장 사이에 어떤 통계적 상관관계가 있는지에 집중하고, 그것으로부터 수학적 패턴을 찾는 과정이기 때문이다.

주격 어조사 '는'을 목적격 어조사 '를'로 바꾸어도 원리는 같다. 언어 모델은 '딸기를', '복숭아를', '수박을', '오렌지를'처럼 과일이 목적어인 경우 그다음 자리에 무엇이 오는지에 집중한다. 이 경우에는 '맛있다', '빨갛다', '탐스럽다'보다 '먹는다', '산다', '판다', '먹인다', '씻는다' 등이 올 확률과 빈도가 더 높을 테고, 이에 의거하여 '사과를' 뒤에 '먹는다'를 놓아 '사과를 먹는다'를 만들어 출력한다. '화가 사과를'처럼 주어와 목적어를 함께 제공하는 경우에도 언어 모델의 작동 원리에는 변함이 없다. 다만 앞의 두 예시가 주어 하나 혹은 목적어 하나에만 주의를 기울이는 것으로 충분했다면, 이번에는 주어와 목적어에 동시에 주의를 기울인다는 것 정도만 다르다.

그러므로 큰 틀에서, 대규모 언어 모델 기반 콘텐츠 생성 인공지능은 문서 작성 애플리케이션의 문법 및 오탈자 자동 수정(autocorrection) 기능이나 휴대 전화의 단어 및 문장 자동 추천/완성 기능(autocompletion), 맥락 반영 이메일 자동 작성(autocomposition) 서비스처럼 "단어들 사이의 확률 및 통계적 상관관계에 기반하여 가장 그럴듯한(plausible) 다음 단어를 늘어놓는" 일련의 자동 완성 알고리즘의 연장선에 놓인다(Biever, 2023). 일종의 확률 및 빈도 기반 대차 대조표를 단어 몇 개 수준이 아니라 충분히 긴 맥락을 아우를 수 있을 만큼 최대한 길고 상세하게 작성하는 셈이다. 다만 기존 자동 완성 알고리즘의 작동 범위가 단어 몇 개나 길어야 문장 몇 개 수준에 그친다면, 대규모 언어 모델의 자동 완성은 그보다 더 넓은 범위와 더 긴 맥락에 걸쳐 이루어질 수 있다는 점이 다르다.

이러한 특성으로 인해, 대규모 언어 모델 기반 콘텐츠 생성 인공지능은 작가의 장벽(writer's block) 해소에 특히 주효하다. 길든 짧든 글을 써 본 적 있다면 누구나 최소 한 번은 맞닥뜨렸을 이 장벽은 짧게는 반나절에서 길게는 몇 년 이상 지속할 수 있으며, 작가의 폐색이나 집필 장애 등의 이명(異名)이 예증하듯 글 길을 틀어막아 글의 진행을 매우 어렵게 만든다. 심한 경우 아예 글의 시작조차 불가능한 경우도 빈번하며 절필(絕筆)로 치닫는 경우도 적지 않다. 작가들은 가능하면 이 장벽을 맞닥뜨리지 않기 위해, 혹여 맞닥뜨릴지라도 그에 지불하는 인적 · 물적 · 시간적 대가를 최소화하기 위해 갖은 방법을 동원한다.

언어 모델은 이 난관을 해결하는 데 가장 효과적인 도구다. 마치 펌프질을 수월하게 만드는 한 바가지의 마중물처럼, 아직 충분히 다듬어지지 않은 채 키워드나 토막글 수준에 머물러 있는 생각의 파편들을 언어 모델을 활용하여 하나의 흐름으로 엮은 다음 글감으로 삼는 식이다.

잠재적 확산 모델의 작동 원리와 특성

잠재적 확산 모델은 스테이블 디퓨전이나 미드저니와 같은 시각적 콘텐츠 생성 인공지능의 핵심 작동 원리 중 하나다. 잠재적 확산 모델의 학습 및 훈련은 초기(initial) 학습 데이터에 점차 더 강한 노이즈(noise)를 입히고, 이를 제거하면서 초기 데이터를 복원하는 방식으로 이루어진다. 이를 요약하자면 다음과 같다.

다른 동시대 인공지능과 마찬가지로, 잠재적 확산 모델 기반 인공지능의 설계 및 구현 역시 방대한 양의 데이터를 학습하고 훈련하는 것으로부터 출발한다. 프로그래머, 엔지니어, 테스터 등 연구에 직간접적으로 관련된 이들이 훈련 과정 내내 다양한 매개 변수와 설정값을 만들고 조절하며 학습과 훈련의 효율을 높인다. 이것이 인간의 피드백을 활용한 강화 학습(Reinforcement Learning from Human Feed back), 즉 RLHF다.

잠재적 확산 모델의 특징은, 주어진 인공지능이 일단 학습에 한 단계 성공하면 동일한 학습 데이터에 임의의 노이즈를 가한 다음, 이것을 다음 단계 학습 및 훈련을 위한 데이터로 활용한다는 점이다. 이때, 노이즈가 데이터 위에 단순히 덧입혀지거나 덧씌워지는 것이 아니라, 데이터의 일부를 대체한다는 점에 주의할 필요가 있다. 이는 노이즈를 가하는 과정에서 본래의 데이터 중 일부가 필연적으로 손실되거나 손상됨을 의미한다. 가령 데이터에 '1%의 노이즈를 가한다'라는 말은 그 데이터의 1%를 노이즈로 바꾼다는 뜻이며, 따라서 노이즈를 제외한 데이터의 총량은 100%가 아니라 99%로 줄어든다. 그러므로 잠재적 확산 모델의 학습 및 훈련은 덧입혀진 노이즈를 단순히 걷어 내거나 치워서 깨끗하게 만드는 것이 아니라, 그것을 제거(denoise)함으로써 노이즈로 인해 손실된 데이터를 역으로 복원(restore)해 내는 방향으로 이루어진다고 보는 편이 더 타당하다. 인간의 피드백은 여기서도 중요한 역할을 한다. 더 적극적이고 더 섬세한 피드백이 더 높은 학습 및 훈련 효과를 가져오기 때문이다.

이른바 '데이터 99 : 노이즈 1' 단계의 학습에 성공하면, '데이터 98 : 노이즈 2', '데이터 97 : 노이즈 3' 등으로 노이즈의 강도와 비율을 단계적으로 높이면서 같은 과정을 반복한다. 이때에도, 연구자들은 주어진 인공지능이 노이즈를 성공적으로 제거하고 데이터를 성공적으로 복원할 수 있도록 매개 변수와 설정값들을 다듬는 등 지속적으로 피드백을 제공한다.

주목할 만한 부분은, 노이즈의 비율이 점차 높아져 '데이터 2 : 노이즈 98', '데이터 1 : 노이즈 99'를 지나 마침내 '데이터 0 : 노이즈 100'에 이르더라도 인공지능의 목표는 변함없이 초기 데이터의 복원이라는 점이다. 그런데 다른 학습 및 훈련 단계들과 달리 이 단계에서 인공지능에게 제시된 것은 노이즈뿐이다. 학습의 실마리이자 동시에 복원 대상인 초기의 원본 데이터는 어디에도 남아 있지 않다. 그러므로 적어도 이 단계에서만큼은 인공지능이 기존의 원본(原本) 데이터를 재구성(recompose)하고 재현(represent)한다기보다, 주어진 노이즈로부터 새로운 진본(眞本) 데이터를 새롭게 구성(compose)하고 생성(generate)한다고 보는 편이 더 논리적이다. 요컨대 잠재적 확산 모델에서 노이즈는 아무것도 표현하거나 재현하지 않는 무(無, null)가 아니라, 잠재적(潛在的, latent)으로 무엇이든 생성할 수 있는 무한(無限, infinity)한 가능성을 지닌 질료(質料, material)로써 기능하는 셈이다.

콘텐츠 생성 인공지능이 견인한 새로운 진본과 포스트-재현의 가능성

지금까지의 문화 예술 작품 활동은 구성과 재구성, 원본과 복제, 표현과 재현 등의 이원론적 방법론에서 크게 벗어나기 어려웠다. 감상과 비평 측면 역시 별반 다르지 않은 시스템에 기대어 작동했다. 그러나 이러한 이원론적 · 이분법적 방법론에 기반한 전통적 · 관습적 분석 틀이 동시대 콘텐츠 생성 인공지능과 이를 활용한 작품 활동에도 여전히 유효한 방식으로 적용 가능한지에 관해서는 재고의 여지가 분명하다.

분명, 콘텐츠 생성 인공지능을 활용해 얻어 낸 결과물은 언제 어디선가, 그리고 누군가가 정말로 혹은 실제로 작성하거나 만들어 낸 것처럼, 혹은 프랑스의 기호학자 롤랑 바르트(Roland Barthes, 1915~1980)의 용어를 빌리자면 정말로 '있었던(Ça-a-été)' 일처럼 보인다(Barthes, 1980). 그러나 대규모 언어 모델을 활용해 얻은 결과물은 확률 및 통계적 상관관계에 기반한 단어의 연쇄일 뿐, 어떤 뜻(意味, sens)이나 뜻(意圖, intention)이나 뜻(意志, will)의 표현이 아니다. 잠재적 확산 모델을 활용해 만든 그림 역시 실제 대상의 빛을 표현한 것도, 실제 피사체의 빛을 재현한 것도 아닌 노이즈라는 재료로부터 띄워 올린 생성 결과물이다.

따라서 콘텐츠 생성 인공지능을 활용한 작품 활동은 재현이나 표현이 아니라 다른 방향, 혹은 재현과 표현을 넘어 '포스트-재현(post-representation)'을 향해 나아간다고 보는 편이 타당하다. 여기가 동시대 콘텐츠 생성 인공지능을 활용한 작품 활동이 기존의 작품 활동과 구분되는 지점이며, 이에 필요한 새로운 감상과 비평이 추동하는 지점이다.

참고문헌

윤나라(2023). 프롬프트 엔지니어링과 인간의 역할: 콘텐츠 생성 인공지능을 중심으로. ≪인문콘텐츠≫ 70호, 199~218.

윤나라(2024). 콘텐츠 창작과 AI 리터러시: LLM의 패러프레이징을 중심으로. ≪인문콘텐츠≫ 72호, 325~342.

Barthes, R.(1980). *La chambre claire: Note sur la photoraphie.* Paris (France): Gallimard.

Biever, C.(2023). ChatGPT broke the Turing test. *Nature, vol. 619*, pp. 686~689.

05

생성 인공지능을 활용한 작품 사례

다양한 콘텐츠 생성 인공지능이 등장함에 따라 창·제작과 작품 활동은 새로운 국면에 접어들기 시작했다. 인공지능을 작품 활동에 활용하는 아티스트의 사례 역시 지속적으로 증가하고 있다. 이러한 아티스트 중에는 콘텐츠 생성 인공지능을 단순한 작품 활동 보조 도구를 넘어 협업 대상으로 간주하는 이들도 적지 않다. 이들은 인공지능과의 협업이 인간의 창의를 되돌아볼 기회임을, 나아가 새로운 창의를 추동할 원동력임을 강조한다.

에이단 마신과 중편 소설 ≪어떤 작가의 죽음≫

대규모 언어 모델을 콘텐츠 창·제작과 작품 활동에 활용하는 사례는 범주를 '언어'와 직접적으로 유관한 분야만으로 한정하더라도 이루 헤아릴 수 없이 많다. 유의어 사전(thesaurus)을 참고한다고 해서 작가로서의 자질이 부족하거나 없다고 하지 않는 것처럼, 언어 모델 기반 인공지능을 일종의 "사유 엔진(reasoning engine)"으로 삼아 집필 보조 도구로 활용하는 셈이다(Truhn, et al., 2023).

보조 도구로서의 활용을 넘어, 언어 모델과의 협업(協業, collaboration) 가능성을 실험하는 작가들 역시 빠르게 증가하고 있다. 캐나다 국적의 저널리스트이자 작가인 스티븐 마시(Stephen Marche, 1976~현재)와 그가 2023년 초 발표한 ≪어떤 작가의 죽음(Death of an Author)≫은 그중에서도 가장 대표적인 사례로 손꼽힌다.

마시는 다양한 자동 글쓰기 알고리즘을 글쓰기에 적극적으로 활용하거나, 본인의 문체를 구사하는 프로그램을 직접 프로그래밍하여 만들어 사용하는 등 글쓰기와 디지털 기술의 잠재적 교류 가능성을 꾸준히 실험해 왔다. 그가 ≪어떤 작가의 죽음≫의 저자명으로 사용한 에이단 마신(Aidan Marchine)은 인공지능의 머리글자인 AI와 기계를 뜻하는 영어 단어 Machine, 그리고 작가 본인의 성인 Marche를 조합해 만든 필명이다. 이 작품이 언어 모델과 인간 작가의 협업의 산물임을 강조하고자 한 것이다.

주목할 만한 점은, 소설 속 문장 중 95% 남짓이 대규모 언어 모델을 활용해 생성한 것임에도 불구하고 마시가 이 글을 "전적으로" 본인의 작품으로 여긴다는 점이다(Marchine, 2023). 마시는 컴퓨터를 활용한 작곡을 예로 들며 본인의 논지를 뒷받침한다.

> 컴퓨터를 활용한 작곡의 가장 큰 특징은 악기를 연주할 줄 몰라도 작곡이 가능하다는 점입니다. 그럼에도 음악과 작곡의 기본은 확실히 알고 있어야 해요. 컴퓨터만 있으면 아무것도 몰라도 작곡할 수 있다는 말이 아니라, 단지 악기를 직접 연주하지 않을 뿐 컴퓨터를 활용한 작곡도 통상의 작곡과 크게 다르지 않다는 뜻입니다(Harris, 2023).

사용자 스스로 어떤 곡을 원하는지 전혀 모르거나, 설령 알더라도 그 곡을 완성하기 위해 구체적으로 어떤 과정을 거쳐야 하는지를 모른다면 컴퓨터 하드웨어의 성능이 아무리 뛰어나고 소프트웨어의 기능이 아무리 현란하더라도 작곡은 불가능하다. 심지어 음악이나 작곡에 관한 이해조차 전무하다면, 컴퓨터 앞에서 아무리 많은 시간을 보낼지언정 단 한 곡도 얻을 수 없다. 무슨 곡이라도 얻으려면 최소한 음악의 역사나 작곡의 기초 정도는 알 필요가 있으며, 박자와 음계, 조성과 화음 같은 화성악의 기본 원리에 관해, 나아가 멜로디와 박자의 조화로운 협응이나 여러 악기의 특성 및 어울림에 관해서도 어느 정도는 이해하고 있어야 한다.

언어 모델을 활용한 작문도 마찬가지다. 아무리 뛰어난 인공지능이라도 사용자가 작동하지 않으면 '혼자서(自動的, automatically), 혼자서(自律的, autonomously), 혹은 혼자서(獨立的, independently)' 작동할 수 없으며, 사용자가 원하는 바로 그 글을 '마법처럼' 만들어 내거나 '자동판매기처럼' 뱉어 낼 수도 없다.

작품 후기에서, 마시는 ≪어떤 작가의 죽음≫에 챗GPT, 수도라이트(Sudowrite), 코히어(Cohere) 등을 비롯해 최소 세 개 이상의 대규모 언어 모델 기반 인공지능을 사용했음을 명확히 밝혔다. 가령 챗GPT로는 대강의 말뭉치와 글뭉치를 만들고, 수도라이트로는 그 말과 글의 얼개를 잡고, 코히어로는 등장인물들이 주고받는 대사를 더 자연스럽게 다듬는 식이다.

여기가 인공지능과 인간의 협업이 본격적으로 시작되

는 지점이다. 언어 모델을 활용해서 생성한 거의 모든 문장과 문단을 마시가 일일이 손수 다듬어야만 했기 때문이다. 마시가 이 글을 작업하던 당시, 대부분의 언어 모델 기반 인공지능은 문단 몇 개 정도 길이의 맥락을 생성하는 경우에는 별다른 문제를 보이지 않았다. 그러나 맥락의 길이가 그보다 더 길어지는 경우, 가령 ≪어떤 작가의 죽음≫처럼 중편 소설의 길이에 이르는 경우에 일관성(consistency)에 관한 문제가 빈번하게 발생했다. 등장인물의 이름이 섞이거나, 사건의 발생 순서가 헝클어지거나, 앞 장의 내용이 다음 장에서 누락되거나, 새로운 인물이나 사건이 마치 그 전에 있었던 것처럼 다루어지는 문제 등이 그것이다. 일관성 문제는 글과 맥락의 길이가 길어질수록 더욱 도드라졌다.

이를 성공적으로 해내기 위해, 마시는 첫째 작가로서 글쓰기에 관한 본인의 입장을 확고하게 견지해야 함은 물론이고, 둘째 글쓰기의 목표를 명확하게 수립함과 동시에 그 목표를 향해 가는 계획 역시 면밀하게 준비할 필요가 있었음을 강조한다. 결국 마시는 ≪어떤 작가의 죽음≫을 통해 펜과 종이에서 키보드와 문서 작성 애플리케이션을 거쳐 이제는 언어 모델의 차례가 왔을 뿐, 글쓰기의 과정 및 원리 그리고 작가로서 갖추어야 할 역량 자체는 인공지능을 활용하지 않는 전통적 글쓰기의 그것과 별반 다르지 않음을 역설적인 방식으로 강조한 셈이다.

보리스 엘닥슨과 사진적 이미지 <전기 기술자>

소니 월드 포토그래피 어워드(Sony World Photography Awards: SWPA)는 국제 사진 협회(World Photography Organisation: WPO)가 2007년부터 기획·주관해 오고 있는 국제 사진 콩쿠르로서, 사진 예술 분야에서 가장 권위 있는 시상식 중 하나다.

지난 2023년 3월 14일, 독일 아티스트 보리스 엘닥슨(Boris Eldagsen, 1970~현재)이 출품한 〈전기 기술자(The Electrician)〉가 창의 부문(creative category) 1위에 선정되었다. 런던에서 개최한 SWPA 시상식 현장에서, 엘닥슨은 단상에 올라 이 작품이 카메라로 촬영한 사진이 아니라 생성 인공지능을 활용해 만든 것임을 밝히면서 수상을 공개적으로 거부했다.

엘닥슨의 작업이 입상할 수 있었던 이유는 그것이 적어도 심사 위원과 관객의 눈에는 전적으로 사진처럼 '보였기' 때문이다. 그러나 '그래 보인다(it seems to be)'와 '그렇다(it is)'를 동의나 유의로 간주하기에는 둘 사이의 간극이 좁지 않다. 엘닥슨이 스스로를 사진가(photographer)가 아니라 사진적 매체를 다루는 아티스트(photomedia artist)로, 〈전기 기술자〉를 사진(photography)이 아니라 사진적 이미지(photographic image)로 정의한 이유는 여기에 있다. 비록 그것이 정말 사진처럼 보일지라도 분명 사진은 아니기 때문이다.

사진의 주 매체는 실재(實在, real)의 빛이다. 좀 더 정확히 말하자면 사진은 실재의 표면(表面, superficies)이 내는 빛을, 그중에서도 촬영의 바로 그 순간에 카메라의 렌즈와 촬상면(撮像面)으로 향하는 빛을, 그리고 그중에서도 촬상면이 감광(感光, photosensitive) 가능한 범위 내의 파장에 해당하는 빛만을 재현(再現, represent)하는 매체다. 요컨대 사진은 다른 어떤 것이 아닌 '빛'에 가장 유관한 매체다. '빛(photo-)으로 그린 그림(-graphy)'이라는 용어 역시 이 의미에 직접적으로 부합한다.

엘닥슨은 이 점을 지적하며 인공지능을 활용해 생성한 이미지를 '사진'으로 부르거나 간주하는 것이 적절하지 않을 수 있음을 강조한다. 생성 인공지능은 빛이 아니라 프롬프트(prompt)를 주 매체로 삼기 때문이다. 프롬프트는 동시대 생성 인공지능의 작동을 촉발하는 사용자의 입력을 지칭하는 용어로, 인공지능으로 하여금 사용자가 원하는 결과물을 만들어 내도록 하는 일종의 지문 내지는 지시문에 해당한다.

그러나 단지 단어 몇 개를 입력한 다음 '생성' 버튼을 누르는 것만으로 원하는 바로 그 결과물을 단번에 얻을 수 있는 경우는 극히 드물다. 적게는 수 시간에서 많게는 수 주일 내지 수천 번에 이르기까지, 사용자는 주어진 인공지능으로부터 원하는 결과물을 얻어 낼 때까지 무수한 시행착오를 반복해야 한다.

> 저는 생성 인공지능과 함께(with) 작업한다고 생각합니다. 생성 인공지능이 '알아서' 해 주는 것은 하나도 없어요. 단어 몇 개 입력한 다음 '생성하기' 버튼을 누른다고 해서 원하는 이미지를 저절로 만들어 주지 않는다는 뜻입니다. 원하는 결과물을 얻으려면 새로운 프롬프트를 만들고 다듬어서 입력하고 또 입력하는 과정을 매 단계와 과정마다 수없이 반복해야 합니다. 이는 아티스트로서 내가 정말로 원하는 것이 무엇인지, 그것을 어떻게 드러내 보일(appear) 것인지 끊임없이 자문하는 과정이자 그에 대한 답을 상세히 기술(describe)하는 과정 그 자체입니다(Williams, 2023).

프롬프트 엔지니어링(prompt engineering)은 이 과정을 일컫는 용어다. 그리고 엘닥슨이 밝힌 바와 같이, 프롬프트 엔지니어링은 단지 사용자의 머릿속에 불현듯 스치는 희미한 감정이나 감상 혹은 인상(impression)을 '황홀한, 신비한, 차분한, 멋진, 아름다운'처럼 그럴듯한 미사여구로 표현(expression)하거나 단순히 옮겨 적는(transcribe) 것과는 거의 무관하다. 이러한 표현들은 지극히 단편적이고 추상적일 뿐만 아니라 개인의 주관이나 그 또는 그녀가 처한 맥락, 해석 등에 따라 그 의미나 함의가 천차만별하기 때문이다.

오히려 프롬프트 엔지니어링은 그것을 최대한 체계적이고 논리적으로, 정치하고 적확한 방식으로 상세하게 기술(記述, describe)하는 것에 관련한다. 이러한 맥락에서, 프롬프트 엔지니어링은 감성적 · 감정적 작용 반작용(emotional action and reaction)보다 논리적 시행착오(logical trial and error)에 더 가깝다.

이러한 맥락에서, 엘닥슨은 생성 인공지능을 활용하는 창 · 제작 영역에서 '사진'을 대체할 수 있을 만한 용어로 페루의 사진가 크리스티안 빈세스(Christian Vinces, 1978~현재)가 제안한 프롬프토그래피(promptography)에 적극적으로 동의한다. 프롬프토그래피는 포토그래피에서 빛을 의미하는 'photo'를 'prompt'로 대치한 것으로, 프롬프트를 중심으로 하는 작업의 특성을 잘 반영한 용어로 보기에 충분하다(Eldagsen, 2023).

엘닥슨의 관점은 동시대 생성 인공지능이라는 새로운 창·제작 도구를 손에 쥔 아티스트가 갖추어야 할 가장 중요한 역량이 다름 아닌 '사유하기'임을 시사한다. 이를 화두 삼아 새로운 논의를 시작할 필요는 적다. 유사보다 더 먼 선사 때부터 작품 활동이 감정이나 감상 혹은 인상 등을 멋대로 제시하거나, 단순히 재현하거나, 아무렇게나 표현하는 것에 그쳤던 적은 없었기 때문이다. 오히려 아티스트는 그때나 지금이나 그것들을 어떻게 작품으로 바꾸어 낼지, 그리고 그에 가장 필요한 도구와 가장 적합한 방법은 무엇일지 끊임없이 반복해서 스스로에게 묻고 답하기를 단 한 순간도 게을리하지 않았던 이들이다.

작품 활동은 내내 사유하기였고, 아티스트는 사유하는 자가 아니었던 적이 없다. 다만 지난날의 작품 활동과 사유가 실재적·구체적·물질적 측면이 더 강한 질료와 도구들로 구성되었다면, 오늘날은 비-실재적·추상적·형식적 측면이 더 강조된 정보 기술로 구성되고 진행된다는 정도의 차이만 있을 뿐이다.

참고문헌

Harris, E. A.(2023.4.20). Peering into the future of novels, with trained machines ready. *The New York Times.* https://www.nytimes.com/2023/04/20/books/ai-novels-stephen-marche.html.

Marchine, A.(2023). *Death of an author.* New York, NY (United States): Pushkin Industries.

Truhn, D., Reis-Filho, J. S. & Kather, J. N.(2023). Large language models should be used as scientific reasoning engines, not knowledge databases. *Nature Medicine, vol. 29*, pp. 2983~2984.

Williams, Z.(2023.4.18). AI isn't a threat – Boris Eldagsen, whose fake photo duped the Sony judges, hits back. *The Guardian.* https://www.theguardian.com/artanddesign/2023/apr/18/ai-threat-boris-eldagsen-fake-photo-duped-sony-judges-hits-back

06

생성 인공지능이 작품 활동에서 갖는 의의

콘텐츠 생성 인공지능은 인간의 창의를 대체하거나 대신하지 않는다. 인공지능은 입력받은 것을 처리해서 출력할 뿐, 무엇도 직접 만들지 않으며 그럴 수도 없다. 인간이 기억과 사유를 보조할 도구로써 문자를 발명한 것과 마찬가지로, 인공지능 역시 우리가 스스로의 창의를 보완할 목적으로 만들어 낸 도구다. 이 도구를 더 적절하게 활용하기 위해서는 사유를 더 체계적이고 논리적으로 다듬는 연습과 훈련이 필요하다.

새로운 도구로서의 콘텐츠 생성 인공지능

콘텐츠 생성 인공지능은 분명 새로운 기술적 도구이자 매체다. 그러나 이를 두고 벌어지는 제반 논의들의 성격이나 진행 양상은 그다지 새롭지 않다. 심지어 인류가 기억과 사유를 보조할 목적으로 문자라는 도구와 매체를 처음 만들고 사용하기 시작했을 때마저, 사람들은 그것이 인간의 '자연스러운' 기억과 사유를 해칠 것이라며 우려했다. 그 이후에도 인류는 새로운 도구나 매체가 등장할 때마다 대동소이한 논의들을 마치 통과 의례처럼 거쳐 왔다.

특히 통과 의례 측면에서, 오늘날 생성 인공지능에 관련한 논의의 전개 양상은 카메라라는 기계적 도구와 사진이라는 기술적 매체가 처음 등장했을 때와 사실상 동일하다고 보아도 무방하다. 카메라가 세상에 처음 등장했던 19세기 말, 카메라와 사진의 통과 의례 중 하나는 회화로부터의 독립이었다. 이를 위해 사진가들은 한편으로는 사진과 회화의 유사성을 강조하고, 다른 한편으로는 차별점을 강조함으로써 사진만의 독립적이고 독창적인 영역을 확립했다.

지난 세기 중반, 컴퓨터 예술이라는 새로운 분야가 세상에 처음 등장하고 가능성을 내보였을 때에도 큰 틀에서 사진과 별반 다르지 않았다. 하드웨어의 연산 성능이 충분하지 않았던 관계로, 초기 컴퓨터 예술의 결과물은 타 예술 분야가 내놓는 결과물에 비해 상대적으로 간결하고 단순했다. 동시대 예술 경향 중 미니멀리즘이나 후기 추상주의가 이에 유사했고, 따라서 이 시기의 컴퓨터 예술은 이들 경향에 기댐과 동시에 차별점을 강조하며 기반을 다졌다.

시간이 흐르면서 컴퓨터 외에 다양한 정보 기술 시스템이 연이어 선을 보였고, 하드웨어의 성능 역시 점진적으로 때로는 비약적으로 상승했다. 아티스트들은 이를 최대한 적극적이고 창의적인 방식으로 활용함으로써 작품의 조형성을 제고하고, 유형을 다변화하고, 새로운 가능성을 실험했다. 그 결과 컴퓨터 예술은 비단 컴퓨터에 국한되지 않고 정보 기술 전반을 아우르는 독창적이고 독립적인, 그리고 광대한 예술 분야로 성장할 수 있었다.

비단 컴퓨터나 사진처럼 기계적이고 기술적인 것이 아닐지라도, 모든 창·제작에는 한낱 나뭇가지나 펜, 심지어 손가락처럼 아무리 간단하고 기초적인 수준일지언정 도구가 꼭 필요하다. 그런데 모래판에 손가락으로 그린 그림, 종이에 펜으로 끄적인 잉크 얼룩, 진흙에 나뭇가지로 그은 흔적을 두고 그것이 '누구의 것이냐' 혹은 '누가 한 일이냐'고 묻는 경우는 없다. 손가락의 주인이 손가락을 도구 삼아 그린 그림이고, 가지나 펜을 든 사람이 펜과 가지라는 도구를 이용해서 끄적인 흔적이라는 사실에 누구도 이견을 갖지 않기 때문이다.

이 논리는 카메라와 사진처럼 보다 더 복잡하고, 더 기계적이며, 더 기술적인 창·제작의 맥락에도 별 무리 없이 적용 가능하다. 어떤 사진 한 장을 두고 그것이 사진가의 것이 아니라 카메라의 것이라거나, 혹은 카메라를 만든 회사의 것이라고 말하는 이는 드물다. 어떤 카메라도 사진가 대신 고민하고 알아서 찍어 주지 않으며 그럴 수도 없음을 우리 모두 잘 알기 때문이다. 카메라는 사진이라는 결과물을 만들어 내는 도구고, 그 도구를 활용해서 사진이라는 결과물을 만들어 내는 건 사진가라는 사람 즉 인간이다.

컴퓨터와 정보 기술은 사진보다 더 복잡하고 더 기계적이며 더 기술적이지만, 이 역시 같은 관점을 공유한다. 어떤 컴퓨터도 사용자 대신 고민하고 알아서 작업해 주지 않으며 그럴 수도 없다.

사진은 카메라가 아니라 사람이 카메라'로' 찍고, 컴퓨터 예술 역시 컴퓨터가 아니라 사람이 컴퓨터'로' 한다. 콘텐츠 생성 인공지능을 활용하는 경우라고 해서 다를 리 없다. 작품 활동은 인공지능이 아니라 사람이 인공지능'으로' 한다. 인공지능이 내놓는 결과물이 겉보기에 아무리 뛰어나 보일지언정, "인공지능은 사용자로부터 입력받은 것을 처리해서 출력할 뿐 무엇도 직접 만들지 않는다(AI software does not create anything. It generates a regurgitation of what it's fed)"(Marchine, 2023).

체계적·논리적 사유와 문화 예술의 작품 활동

문자 이후에도 인류는 다양한 지적 발판들(scaffoldings)을 지속적으로 만들고, 다듬고, 보완함으로써 태생적 한계를 극복해 왔다(Clark, 2003). 정보 기술 역시 그러한 발판 중 하나다.

특히 콘텐츠 생성 인공지능은 인간이 지금까지 만들어낸 창 · 제작 도구 중 가장 발전한 형태의 도구라는 점에서 중요한 의의를 지닌다. 인공지능은 소프트웨어이며 모든 소프트웨어는 프로그래밍의 소산이지만, 단지 이 환원적 관점에 기대어 아티스트들이 코딩이나 프로그래밍을 반드시 배우고 할 줄 알아야 한다고 비약할 이유는 적다. 인간의 언어를 놔두고 공연히 프로그래밍 언어나 코드로 사유해야 할 이유는 더욱 적다. 몇 종류의 언어를 구사하는지나 어떤 언어로 사유하는지보다 더 중요한 것은, 무엇을 사유하는지, 그것을 어떤 관점에서 사유하는지, 그리고 그 사유가 얼마나 정교하고 치밀한지 등이기 때문이다.

이러한 사유 방식을 컴퓨테이셔널 사유(computational thinking) 혹은 알고리즘적 사유(algorithmic thinking)로 일컫는다. 알고리즘은 숫자나 기호 등으로 구성된 복잡한 계산식이나 수학 공식에 국한되는 것이 아니라, 주어진 목표를 달성하기 위한 과학적 · 논리적 · 체계적 과정 자체를 의미한다. 그리고 "프로그래밍 코드는 그것을 컴퓨터가 직접 실행할 수 있도록 수학적 논리를 기반으로 이식(移植, implement)한 것"과 다름없다(Edmonds, 2008). 결국 창 · 제작과 작품 활동에 인공지능을 적용하고 또 활용하고자 하는 아티스트들에게 필요한 것은 코딩이나 프로그래밍이 아니라 과학적이고 논리적이며 체계적인 사유 방식, 즉 알고리즘적 사유다.

콘텐츠 창 · 제작과 문화 예술 작품 활동에 과학적이고 수학적인 논리와 체계를 도입할 필요가 있다는 말은 언뜻 앞뒤가 맞지 않는 것처럼 들린다. 그러나 이는 사실과 거리가 멀다. 적어도 근대 이전까지, 이들이 서로 무관한 것으로 취급된 적은 드물었기 때문이다. 레오나르도 다빈치(Leonardo da Vinci, 1452~1519)를 비롯해 역사에 크고 작은 족적을 남긴 아티스트들은 모두 당대 최고의 작가이자 과학자였고, 또 수학자였다. 이들의 업적은 원근법처럼 수학적이고 과학적인 원리에 기반을 둔 새로운 형식들을 만들어 작품에 적용하고, 작품 활동에 필요한 도구와 장비를 직접 설계하고 제작하며, 더 안정적이고 효율적인 화학식을 정립하여 더 다채롭고 더 선명한 안료와 물감을 더 안전한 방식으로 생산하는 것까지를 폭넓게 아우른다. 논리와 체계, 그리고 과학과 수학은 문화 예술 작품 활동과 본래 그 무엇보다도 깊게 관련했던 셈이다. 그러므로 알고리즘적 사유나 컴퓨테이셔널 사유 등은 논리성이나 체계성을 창·제작과 작품 활동의 영역에 사상 처음으로 도입하려는 시도가 아니라, 근대를 지나며 소외되고 주변으로 밀려난 것들을 재조명하고 또 회복하려는 시도로 보는 편이 더 타당하다.

이 점을 염두에 둘 필요가 있다. 이는 문화 예술 작품 활동이 본래는 그 무엇보다도 융합적인 행위였음을, 그리고 아티스트 역시 본래는 그 누구보다도 융합적인 인간이었음을 의미하기 때문이다.

융합적 사유와 콘텐츠 생성 인공지능, 그리고 사유 엔지니어링

시대를 불문하고, 아티스트는 가장 먼저 앞장서서 신(新)

과 구(舊)의 경계를 허무는 이들이고, 허물어진 경계를 누구보다도 자유롭게 넘나들면서 새것과 헌것을 끊임없이 융합하는 이들이며, 그 융합을 통해 새로운 가능성을 탐색하는 이들이며, 변화와 혁신을 선도하는 이들이다. 단지 지금까지는 융합의 대상이 펜과 잉크와 종이, 붓과 물감과 캔버스처럼 전통적인 도구와 매체였다면 이제는 정보 기술과 콘텐츠 생성 인공지능의 차례가 왔을 뿐이다.

우려 섞인 목소리가 전혀 없는 것은 아니지만, 대다수의 아티스트들은 콘텐츠 생성 인공지능이라는 새로운 창 · 제작 도구의 등장을 크게 반기는 추세다. 점차 더 많은 아티스트들이 더 다양한 콘텐츠 생성 인공지능을 더 본격적이고 더 다채로운 방식으로 창 · 제작에 활용하고 있다. 인공지능과 문화 예술 작품 활동은 상호 보완적 수준을 넘어 불가분의 관계에 접어들었다고 보아도 과언이 아니다.

인공지능뿐만 아니라 정보 기술 전반을 아우르는 대표적인 특성 중 하나인 '가상(독: schein, 프 · 영: virtuel)'과 '아름다움(독: schön, 프 · 영: virtue)'이 동일한 어원을 공유한다는 사실은 오늘날의 아티스트에게 시사하는 바가 적지 않다(Flusser, 1993). 이 점에서, 동시대 콘텐츠 생성 인공지능은 정보 기술과 작품 활동의 융합을 시도하는 아티스트들에게 유용하고 적합한 도구 중 하나다. 인공지능을 활용하여 무언가를 만들어 내기 위해 프롬프트를 엔지니어링하는 과정은 그 자체로 아티스트가 스스로의 사유를 더 체계적이고 더 논리적으로 정리하는 과정과 다름없기 때문이다. 결국 아티스트가 엔지니어링하는 것은 프롬프트가 아니라 스스로의 사유다. 다만 지금까지는 그 과정이 종이나 캔버스 위 혹은 누군가의 머릿속에서 이루어졌다면, 이제는 눈앞에 놓인 화면 안에서 일어나고 있다는 점이 다르다.

다른 어떤 도구들과 마찬가지로, 콘텐츠 생성 인공지능 역시 사유를 표현하는 도구다. 아티스트가 스스로의 사유를 더 정치하고 적확하게 엔지니어링할수록 이 도구는 '그가 원하는 바로 그 방식'에 더 가까운 쪽으로 작동하고, '그가 원하는 바로 그것'에 더 가까운 결과물을 만들어 낸다.

참고문헌

Clark, A. J.(2003). *Natural-born cyborgs.* New York, NY (United States): Oxford University Press.

Edmonds, J.(2008). *How to think about algorithms.* New York, NY (United States): Cambridge University Press.

Flusser, V.(1993). *Lob der oberflächlichkeit: für eine phänomenologie der medien.* Düsseldorf (Deutschland):

Bollman.
Marchine, A.(2023). *Death of an author*. New York, NY (United States): Pushkin Industries.

07

프롬프트가 된 코드

동시대 멀티-모달 콘텐츠 생성 인공지능은 프로그래밍 코드 대신 프롬프트를 통해 마치 문자 메시지를 주고받는 것처럼 쉽고 간단한 방식으로 사용자와 상호 작용한다.
프롬프트는 인공지능으로 하여금 사용자가 원하는 결과물을 만들어 내도록 하는 구체적이고 논리적으로 정리한 일종의 지시문이다. 프로그래밍 코드가 복잡하고 어려운 수학적 구조와 체계를 따르는 반면, 프롬프트는 보다 친숙하고 쉬운 인간 언어의 구조와 체계를 따른다.

영역 특수적 싱글-모달 인공지능 시스템의 특성과 한계

대부분의 도구는 단일한 기능을 갖는다. 망치 대신 톱으로 못을 박거나 빨대 대신 젓가락으로 물을 마시는 일은 끌 대신 붓으로 돌을 깎는 일만큼이나 어렵다. 즉, 통상의 도구는 좁은(narrow) 영역에서 단일한 목적(single-purpose)만을 수행한다. 정보 기술과 소프트웨어 분야도 마찬가지다. 계산기로 인터넷을 탐색하는 일은 문서 작성 애플리케이션으로 음악을 작곡하는 일만큼이나 어렵다.

인공지능도 예외는 아니다. 불과 얼마 전까지만 해도 거의 모든 인공지능 소프트웨어는 특정 영역에 국한된 학습 데이터만을 특정한 학습 방식에 맞추어 학습한 영역 특수적(domain-specific) 인공지능에 속했다. 명칭에서 알 수 있듯이, 영역 특수적 인공지능은 지정된 영역에서는 뛰어난 성능을 발휘하지만 그 외 영역에서는 한계가 분명한 일종의 전용(專用) 소프트웨어에 해당한다. 영역 특수적 인공지능의 예시는 이루 헤아릴 수 없을 만큼 많다. 몇 년 전 큰 반향을 일으켰던 구글의 알파고 역시 바둑을 얼마나 잘 두느냐와 무관하게 오직 바둑만을 둘 수 있으므로 영역 특수적 인공지능이다. 알파제로(AlphaZero)는 알파고를 기반으로 바둑뿐만 아니라 체스와 일본식 장기까지 총 세

종류의 보드게임을 학습한 인공지능으로, 알파고보다 조금 더 넓은 영역을 아우른다고 볼 수 있지만 그럼에도 학습한 보드게임 외에 다른 게임은 플레이할 수 없으므로 이 또한 영역 특수적 인공지능에 해당한다. 복잡하게 얽힌 단백질 구조를 분석하고 예측하는 알파폴드(AlphaFold)나, 빠르고 정확한 의사 결정 및 수행 능력이 필요한 전략 시뮬레이션 게임을 학습하여 플레이하는 알파스타(AlphaStar)도 예외는 아니다. 알파폴드는 바둑을 두거나 전략 시뮬레이션 게임을 플레이할 수 없으며, 알파스타는 단백질의 구조를 분석하거나 바둑을 둘 수 없기 때문이다.

문학, 회화, 음악, 노래, 사진, 영화처럼 우리가 '문화'나 '예술' 혹은 '작품'이라는 용어를 들을 때 떠올리는 것들에 더 가까운 결과물을 만들어 내놓는 인공지능 소프트웨어도 마찬가지다. 가령 어떤 언어 처리 인공지능이 대문호들이 남긴 불후의 명작을 남김없이 학습하고 또 그것으로부터 새로운 글을 무한정 만들어 낼 수 있을지언정, 그렇게 만들어진 글에 아름다운 곡을 만들어 붙여 연주하고 부를 수 없다면 이 역시 영역 특수적 인공지능이다. 같은 맥락에서, 어떤 음악 인공지능이 제아무리 다양한 음악 장르와 스타일을 학습하고 또 그것으로부터 새로운 음악을 무한정 만들어 낼 수 있을지언정, 그 음악이 담긴 음반의 표지 그림을 그릴 수 없다면 이 역시 영역 특수적 인공지능으로 보는 편이 타당하다.

영역 특수적 인공지능 중 대부분은 단일 모드 혹은 싱글-모달(single-modal) 인공지능에 속한다. 싱글-모달 인공지능 시스템은 한 번에 한 가지 유형의 데이터만 처리할 수 있는 일종의 전용 소프트웨어에 가깝다. 글을 만드는 인공지능은 글로 된 데이터만, 그림을 만드는 인공지능은 그림 데이터만 다루는 식이다. 이것이 싱글-모달 인공지능의 특징이자 한계다. 특정 영역과 분야에 집중한다는 말은 분야를 넘나드는 경우, 가령 텍스트 관련 인공지능으로 이미지를 생성하거나 이미지 관련 인공지능으로 음악을 생성하는 등 서로 다른 유형의 데이터를 동시에 다루어야 하는 작업에는 싱글-모달 인공지능이 그다지 적합하지 않을 수 있음을 의미하기 때문이다.

멀티-모달 인공지능 시스템의 특성과 작품 활동에서 지니는 의의

싱글-모달 인공지능의 한계는 멀티-모달(multi-modal) 개념의 필요성을 부각했다. 멀티-모달 개념은 동시대 콘텐츠 생성 인공지능의 가장 큰 특징 중 하나로, 이를 활용하면 글, 그림, 사진, 소리, 음악, 영상 등 다양한 유형의 데이터를 하나의 인공지능 시스템에서 통합적으로 처리할 수 있다. 글을 기반으로 그에 어울리는 삽화를 생성하거나, 그림을 글로 풀어 설명하거나, 순간을 포착한 사진을 움직이는 영상으로 바꾸거나, 영상에 걸맞은 배경 음악을 생성하는 작업 등이 이에 해당한다. 멀티-모달 시스템 하나가 여러 종류의 싱글-모달 시스템을 한데 모은 일종의 통합 플랫폼처럼 기능하기 시작한 셈이다.

멀티-모달 개념이 도입되기 이전에는 아티스트가 이 정도로 복합적인 수준의 작업 흐름(workflow)을 갖추는 것이 쉽지 않았다. 대부분의 소프트웨어는 전용 소프트웨어였고 인공지능도 싱글-모달이 주를 이루었기에, 관련 분야 전반을 넓고 깊게 이해하고 있어야 함은 물론이고 창 · 제작에 필요한 소프트웨어와 하드웨어 또한 다양하게 갖추고 또 활용할 줄 알아야 했다. 필요한 소프트웨어나 하드웨어가 존재하지 않는 경우, 이를 직접 프로그래밍하거나 제작해야 하는 등 비교적 전문적인 수준의 지식과 역량을 요구하는 경우도 빈번했다.

콘텐츠 생성 인공지능에 멀티-모달 개념이 적용되면서, 인공지능 소프트웨어를 더 간소하고 효율적인 방식(streamlined)으로 창 · 제작에 활용할 수 있는 실마리가 보이기 시작했다. 서로 다른 유형의 데이터를 한곳에 모아서 다룰 수 있게 됨에 따라, 여러 개의 싱글-모달 인공지능을 복잡하게 오가거나 학습 데이터를 각 시스템에 호환 가능(compatible)한 형식으로 일일이 변환(convert)하는 데 들이는 수고가 크게 줄었기 때문이다.

그뿐만이 아니다. 동시대 멀티-모달 콘텐츠 생성 인공지능 시스템의 또 다른 특징은 사용자와 인공지능이 코드 대신 프롬프트를 통해 상호 작용한다는 점이다. 적어도 지금까지, 사용자가 소프트웨어와 상호 작용하는 통로는 크게 두 가지였다. 하나는 이미 만들어진 채로 제공되는 사용자 인터페이스(User Interface: UI)를 통하는 방법이다. 큰 틀에서 어느 정도의 가이드라인은 있으나 통상 사용자 인터페이스는 소프트웨어마다 천차만별하며, 사용자는 새로운 소프트웨어를 접할 때마다 새로운 인터페이스를 익혀야 한다는 부담이 있었다.

다른 하나는 프로그래밍 코드를 이용하는 방법이다. 코드는 주어진 시스템으로 하여금 사용자가 원하는 결과물을 만들어 내도록 하는 일련의 절차와 과정을 프로그래밍 언어의 구문법에 따라 논리적이고 체계적으로, 구체적이고 상세하게 정리한 일종의 지시문이다. 더 깊은 층위에서 소프트웨어와 상호 작용하기를 원하는 사용자는 프로그래밍 언어를 익히고 코딩을 할 줄 알아야 했으며, 이 역시 사용자에게는 적지 않은 부담이었다.

챗GPT와 같은 동시대 멀티-모달 콘텐츠 생성 인공지능 시스템의 등장으로, 사용자는 첫째 프로그래밍 언어로 된 코드 대신 인간의 언어로 된 프롬프트를 통해, 둘째 전용 소프트웨어의 복잡한 인터페이스 대신 간단한 대화형 인터페이스를 통해 마치 메시지를 주고받는 것처럼 친숙한 방식으로 인공지능과 상호 작용할 수 있게 되었다. 프로그래밍 코드와 마찬가지로, 프롬프트 역시 주어진 시스템으로 하여금 사용자가 원하는 결과물을 만들어 내도록 하는 일련의 절차와 과정을 논리적이고 체계적으로, 구체적이고 상세하게 정리한 지시문이다. 다만 코드가 C, C++, 자바(Java), 파이썬(Python) 같은 프로그래밍 언어의 구조와 체계를 따르는 반면, 프롬프트는 한국어나 영어 같은 인간 언어의 구조와 체계를 따른다는 점이 다르다.

모국어처럼 익숙한 언어를 통해 소프트웨어와 상호 작용할 수 있게 되면서, 프롬프트를 만들고 다듬는 과정이 프로그래밍과 코딩을 상당 부분 대체하기 시작했다. 이는 프로그래밍과 코딩 역량만큼이나 자연어를 통해 원하는 바를 논리적이고 체계적으로, 구체적이고 상세하게 서술할 수 있는 역량의 필요성을 부각했다. 이것이 프롬프트 엔지니어링 역량이다. 프롬프트 엔지니어링은 미사여구를 더하고 빼는 일보다 그것을 얼마나 정교하고 치밀하게 다듬는지에 더 관련한다. 이 점을 염두에 둘 필요가 있다. 인공지능의 작동 방식이 인간과 다르다면 그것과 상호 작용하는 방식 또한 그에 맞추어 변화할 필요가 있기 때문이다.

프롬프트 엔지니어링의 중요성이 상승함에 따라 '프롬프트 엔지니어'라는 새로운 직업도 등장했다(류한석, 2023). 소프트웨어를 활용하는 패러다임이 프로그래밍 언어 기반(programming language-based)에서 인간의 자연어 기반(natural language-based)으로 이동하기 시작한 것이다.

그러나 단지 이 점에 기대어 인공지능이 마침내 인간의 언어를 '알아듣고 이해하는' 수준에 도달했다는 식으로 비약하는 접근은 바람직하지 않다. 인공지능은 통계적 상관관계와 빈도에 기반하여 입력받은 프롬프트에 가장 부합하는 출력을 만들어 내는 일종의 자동 완성 알고리즘과 다름없기 때문이다. 다만 그 알고리즘이 매우 정교한 나머지, 마치 프롬프트에 담긴 의미를 정말로 알아듣고 이해하는 '것처럼 보일' 뿐이다. 이 글에서 지속적으로 강조한 바와 같이, 인공지능은 "인간처럼 작동하지 않으며 그럴 필요도 없다"(김진석, 2019).

참고문헌

김진석(2019). 『강한 인공지능과 인간: 인간 강화와 인간 잉여의 패러독스』. 글항아리.

류한석(2023.7.7). '프롬프트 엔지니어' 신종 인기 직업 될까. 주간경향 1539호. https://weekly.khan.co.kr/khnm.html?mode=view&artid=202307071128551

08

AI 리터러시: 인공지능 바르게 이해하기

동시대 콘텐츠 생성 인공지능이 인간의 언어를 알아듣고 이해하는 것 같다거나, 그것을 활용해 얻은 결과물이 인간이 손수 작업한 것에 견줄 만하다고 해서 그것의 구성 원리나 작동 방식까지 인간과 닮아야 할 이유는 적다. 인공지능은 인간처럼 작동하지 않으며 그럴 필요도 없다. 인공지능을 보다 더 정치하게 이해하고 적확하게 활용하기 위해서는 피상적 측면보다 실제적 측면에 집중함으로써 AI 리터러시를 함양할 필요가 있다.

데이터 검색 알고리즘과 혼동하지 않기

겉에서 보는 것과 무관하게, 인공지능은 사용자로부터 입력받은 것을 처리해서 출력하는 일련의 기술적 시스템일 뿐 무엇도 '직접' 만들지 않으며 그럴 수도 없다. 인공지능으로 대표되는 동시대 첨단 정보 기술을 작품 활동에 활용하는 행위는 결국 반도체 소자 위를 종횡하는 전자(電子, electron)의 흐름과 움직임을 다루는 행위이며(Kittler, 1992), 그렇게 함으로써 그것이 지닌 무한한 가능성을 최대한 이끌어 내려는 아티스트의 노력과 다름없다.

'그래 보인다'와 '그렇다'를 보다 선명하게 분별하기 위해서는 AI 리터러시(literacy, 文解力)를 함양할 필요가 있다. AI 리터러시는 "인공지능으로 인해 변화할 미래에 가장 필요한 역량" 중 하나로, 인공지능이 정보를 습득하고 처리하는 방식이 원천적 층위에서 인간과 완전히 다르다는 사실을 적확하게 인지하고, 이해하고, 수용하는 것을 핵심으로 한다(Long & Magerko, 2020).

AI 리터러시는 동시대 멀티-모달 콘텐츠 생성 인공지능을 더 바르게 이해하고 활용하기 위해서도 꼭 필요하다. 겉에서 보기에, 사용자가 인공지능에 프롬프트를 입력하고 그에 대한 생성 결과물을 받아 보는 경험은 구글 같은 검색 엔진에 검색어를 입력하고 그에 대한 검색 결과물을 받아 보는 것과 유사하다. 그러나 겉보기와 달리, 콘텐츠 생성 인공지능이 만들어 내놓는 결과물은 데이터베이스를 검색한 결과물이 아니다.

혹자는 구글, 딥마인드(Deepmind), 버클리대학교(UC Berkeley), 프린스턴대학교(Princeton), 그리고 취리히 연방 공과대학교(ETH Zurich)가 공동 수행한 연구를 근거로 인공지능의 학습이 실은 '암기나 기억(memorize)'이며, 그것을 사용자가 의도적으로 '추출(抽出, extract)'할 수 있으므로 인공지능을 활용해 만들어 낸 결과물이 생성이 아니라 검색이라고 일축하기도 한다. 그러나 해당 연구의 실제 내용은 이러한 주장과는 다소 거리가 있다.

일단 위의 연구는 '추출'할 이미지가 인공지능의 학습 데이터베이스에 꼭 포함되어 있어야 함을 최우선적으로 전제한다. 아울러 이 연구는 사용자가 그것을 사전에 미리 그리고 정확히 인지하고 있어야 한다는 점 역시 함께 전제한다.

이 연구가 '추출'로 부르는 과정을 간단히 요약하여 설명하자면 다음과 같다. 첫째, '추출'에 가장 적합한 방식으로 설계된 콘텐츠 생성 인공지능을 하나 고른다. 둘째, 그것의 학습에 사용된 총 1억6000만 장 이상의 이미지로 구성된 데이터베이스 중 '추출'에 성공할 확률이 높은 특정

이미지 몇 장만을 추려 낸다. 그런 다음 셋째, 추려낸 이미지와 구분할 수 없을 정도로 닮은 이미지가 만들어질 때까지 1억7500만 회 이상 프롬프트를 계속해서 다듬어 입력하기를 반복한다. 마지막으로 넷째, 이렇게 얻은 이미지들 가운데 앞서 추려 낸 이미지와 충분히 비슷해 보이는 결과물을 사용자가 눈으로 직접 보고 골라낸다. 즉 엄밀한 관점에서, 이 연구가 추출로 부르는 행위는 어떤 인공지능의 기억을 정말로 '뽑아내는' 것이 아니라 그것에 대단히 근사한 결과물이 만들어져 나올 때까지 프롬프트를 정교하게 엔지니어링해 넣는 것에 가깝다. 따라서 이 연구는 인공지능이 '암기' 혹은 '기억'하고 있는 데이터를 정말로 '추출'해 낸 것으로 보기 어려우며, 그렇게 보지 않는 편이 더 타당하다.

연구진 또한 이 점을 명시적으로 강조한다. 이 연구를 보다 적확하게 이해하기 위해서는 해당 연구가 정보 보안 및 보호 관련 분야에 관한 것임을 고려할 필요가 있다. 좀 더 정확히 말하자면, 이 연구는 콘텐츠 생성 인공지능 소프트웨어의 구조적 취약점을 공략하여 그것을 전용(轉用)하거나 악용할 가능성을 다루는, 즉 인공지능의 보안 취약점(vulnerability)을 지적하고 그것을 보완할 필요가 있음을 역설한다. 간단히 말해서, 이 연구는 'X를 A 하려면 그저 이렇게만 하면 된다'가 아니라 'X를 A 하거나 적어도 그에 준하는 결과를 얻으려면 심지어 이렇게까지 해야 하고 그것에 대처하려면 무엇을 어떻게 해야 한다'를 이야기한 셈이다. 하물며 이러한 사용 방식이 실험실 밖 실제 상황에서 발생할 가능성은 매우 낮으며, 설령 가능한들 통상적이고 정상적인 활용이나 사용의 범주에서 크게 벗어남은 물론이다(Carlini, et al., 2023).

동시대 콘텐츠 생성 인공지능을 '검색'이 아니라 '생성' 인공지능으로 불러야 함이 타당한 이유가 여기 있다. 인공지능을 활용한 콘텐츠 생성은 검색이나 조합, 합성이 아니다. 주어진 데이터베이스를 최대한 정확하게 참조하고 최대한 빠르게 검색하는 것이 목적인 검색 엔진과 달리, 생성 인공지능의 목적은 데이터베이스의 학습이며, 그것을 기반으로 한 생성이기 때문이다.

의인화와 인간 중심주의로부터 벗어나기

동시대 인공지능, 그중에서도 멀티-모달 콘텐츠 생성 인공지능은 인간이 지금까지 만들어 낸 창·제작 도구 중 가장 발전한 형태의 도구다.

오늘날 인공지능의 성능과 발전 양상을 두고, 인공지능이 아우르는 영역이 점차 더 넓어지고(wide) 기능과 목적 역시 점차 더 다양해진(multi-purpose) 결과 일반적으로 요구되는 거의 모든 목적과 기능을 수행하는 범용(汎用, general-purpose) 인공지능에 이를 수 있으리라는 추론은 가능하다. 이것이 인공 일반 지능(Artificial General Intelligence: AGI)이다. 그러나 이 추론은 매 단계마다 '적절히 적용된' 각종 신화에 근거한 나머지 비약이 심할 뿐만 아니라, 앎이나 배움, 자율, 창의 등에 관한 새롭고 동시대적인 사유 역시 결여되어 있다는 점에서 권장할 만하지 않다.

우리가 동시대 콘텐츠 생성 인공지능을 카메라나 컴퓨터 같은 여타 기술적 도구나 매체와 다르게 여기는 이유는, 그 이면에 인공지능에 관한 일정 수준의 의인화(擬人化, anthropomorphisation)가 놓여 있기 때문이다. 의인화는 인간이 아닌 대상을 다양한 비유와 상징을 통해 일종의 유사(類似) 혹은 의사(疑似) 인간으로 견주거나 빗대어 이해하는 일종의 인식 틀이다. 인간을 중심에 두고 인간적인 비유와 상징을 적극적으로 활용한다는 점에서, 의인화는 가장 인간 중심주의(人間 中心主義, anthropocentrism)적인 관점 중 하나다.

의인화의 장점은 분명하다. 비유와 상징을 통해 사유의 난이도를 완화함으로써 이해도를 제고할 수 있기 때문이다. 그러나 단점 또한 분명하다. 비유와 상징은 실재에 한

없이 가까워질 뿐 실재에 도달할 수 없으며, 실재를 대체할 수도 없기 때문이다. 이는 의인화를 통한 근사(近似, approximation)적 이해와 실제 이해 사이에 본질적 차이가 존재함을 의미한다.

인공지능의 경우, 의인화는 그것을 구성하는 다양한 면모와 층위 중에서 하드웨어적인 측면을 특히 강조하는 경향을 띤다. 가령 내부 소프트웨어의 구조나 작동 원리가 아니라 '사람처럼 생긴 로봇' 등 하드웨어의 겉모습이나 외형적 특징을 더 강조하는 경우가 이에 해당한다. 그러나 '로봇'과 '인공지능'이라는 두 용어는 서로 맞바꾸어 사용(interoperable)할 수 없다. 대다수의 콘텐츠가 인공지능을 보여 주기 위해 사람처럼 생긴 로봇으로 대표되는 일련의 볼거리를 제공하고 의도적이든 아니든 둘을 뒤섞어 제시하는 것은 사실이지만, 그 역시 시각적 비유와 상징일 뿐이다. 그러므로 이에 기대어 모든 인공지능을 사람처럼 생긴 로봇으로 의인화하여 비약하는 접근은 권장할 만하지 않으며, 심지어 옳다고 보기도 어렵다.

의인화가 인간 중심주의의 가장 전형적이고 관습적인 발현 중 하나임을 부정하려는 것은 아니다. 그러나 인공지능을 의인화하는 접근은 그에 관한 실질적이고 실용적인 이해보다 그것을 이해했다는 착각과 오해, 나아가 자칫

'이해로 착각된 오해'로 이어질 가능성이 크다는 점에서 각별히 주의할 필요가 있다. 그 화면 뒤에 푸르거나 붉은 눈을 한 매끈한 금속제 휴머노이드 로봇이 앉아 있는 것은 아니며, 우리를 꼭 닮은 극미소인(極微小人, Homunculus)이나 나노 로봇이 그 기계 속 회로 위를 분주하게 내달리는 것도 아니기 때문이다. 동시대 인공지능과 이를 둘러싼 논의들에 관해 적극적으로 의견을 피력하고 있는 옥스퍼드대학교의 닉 보스트룀(Nick Boström, 1973~현재) 역시, 인공지능을 의인화하려는 경향을 "그것이 우리 일상에 실제로 가져올 영향을 제대로 이해하는 데 가장 큰 걸림돌 중 하나"라며 분명하게 비판한다(Kohs, 2017).

습관적 이분법이 만드는 착각에서 벗어나기

인공지능을 의인화하는 경향은 우리로 하여금 그것이 마치 인간 수준의 의사 결정 능력을 지녔다거나, 심지어 인간처럼 사유할 수 있다고 착각하게끔 만든다. 그러나 이 역시 사실과는 거리가 멀다.

어떤 인공지능도 저절로(自動的, automatically), 알아서(自律的, autonomously), 혹은 독자적(獨自的, independently)으로 뜻(意味, sens)이나 뜻(意圖, intention)이나 뜻(意志, will)을 품지 않는다. 이유는 간단하다. 그렇게

만들어지지 않았고, 따라서 그럴 수 없기 때문이다. 겉보기에 저절로 알아서 작동하는 듯 보일 수는 있으며, 독자적인 방식으로 무언가를 창발하거나 독창적(獨創的, original)인 결과물을 만들어 내는 것처럼 보일 수도 있다. 그러나 '그렇다(it is)'와 '그래 보인다(it seems to be)'를 동의나 유의로 간주하기에는 둘 사이의 간극이 좁지 않다.

환각(幻覺, hallucination)은 이 현상을 지칭하는 용어다. 챗GPT를 비롯한 언어 모델 기반 콘텐츠 생성 인공지능이 겉보기에 그럴듯하고(seems plausible), 문제없이 읽을 수도 있으며(legible), 정확해 보이지만(looks accurate) 실은 전혀 정확하지 않은 말들을 '지어내는(作話, fabulate)' 현상들이 이에 해당한다. 환각은 언어 모델 연구 초기에 특히 중요하게 간주되었던 문제 중 하나로, GPT-3가 대중에 공개된 2022년 말에서 2023년 초 사회적 · 대중적으로도 많은 이목을 모은 바 있다. 이 용어가 언어 모델을 비롯한 콘텐츠 생성 인공지능에 관한 미필적 의인화와 이에 관련한 오해를 조장할 여지가 다분하다는 점을 경계하며, 연구계에서는 이를 작화증(作話症, confabulation) 등으로 고쳐 부르려는 시도가 빠르게 확산하고 있다. 작화증 완화를 위한 연구계의 대응 역시 기민하게 이루어지고 있으며, 2023년 4/4분기 기준 주요 언어 모델에서 작화증 문제는 이미 거의 해소되었다(OpenAI, Josh Achiam, et al., 2023).

여기서 동시대 콘텐츠 생성 인공지능과 검색 엔진의 근본적 차이점이 다시 한번 명확하게 드러난다. 검색 엔진에서 가장 중요한 것은 사용자가 입력한 질의와 검색 엔진이 출력하는 결과 사이의 직접적이고 명시적인 사실 관계다. 따라서 검색 엔진은 최대한 정확한 답을 제공하는 것을 최우선 목표로 한다.

반면 콘텐츠 생성 인공지능의 목적은 확률적 상관관계와 통계적 빈도에 기반하여 입력받은 프롬프트에 가장 부합하는 출력을 만들어 내는 것이다. 생성된 콘텐츠가 질의에 실제로 유관할 필요는 적으며, 단지 유관해 보이면 그것으로 충분하다. '그렇다' 대신 '그래 보인다'에, '정말 그렇다' 대신 '그럴듯해 보인다'에 더 관련하는 셈이다. 챗GPT를 비롯한 인공지능 시스템이 사용자의 질의에 정답(正答)은커녕 터무니없는 우답(愚答)을, 심지어 완전히 잘못된 오답(誤答)을 만들어 내놓는 이유가 이것이다. 정/오(正/誤)나 진/위(眞/僞)와 무관하기 때문이다.

소프트웨어가 내놓는 답의 정/오나 진/위가 중요하다면, 아무리 짧게 보아도 30년 이상 지속적으로 보완되어 왔으며 앞으로도 발전을 거듭할 검색 엔진이라는 도구를 활용하는 편이 더 적절하다. 동시대 인공지능은 전능(全能)한 검색 엔진이나 어떤 우문에도 현답(賢答)하는 전지(全知)한 지성이 아니다. 하물며 불사의 전능한 대철인(大哲人)마저 항상 현답을 할 수는 없을진대, 일개 소프트웨어에게 매번 현답을 기대하는 것 역시 온당치 않다. 그러므로 인공지능을 활용해 생성한 콘텐츠를 정/오 또는 진/위, 현/우, 나아가 정상/비정상(正常/非正常) 등의 이분법으로 재단하는 관점은 재고의 여지가 분명하다.

동시대 멀티-모달 콘텐츠 생성 인공지능을 보다 건설적인 방식으로 수용하고, 보다 비범(非凡)한 방식으로 활용할 수 있는 실마리가 여기 있다. 자주 오답을 하고 때로 우답을 할지언정, 인공지능을 활용해 생성한 콘텐츠는 평범(平凡)과는 분명 거리가 있기 때문이다.

참고문헌

윤나라(2023). 프롬프트 엔지니어링과 인간의 역할: 콘텐츠 생성 인공지능을 중심으로. ≪인문콘텐츠≫ 70호, 199~218.

윤나라(2024). 콘텐츠 창작과 AI 리터러시: LLM의 패러프레이징을 중심으로. ≪인문콘텐츠≫ 72호, 325~342.

Carlini, N., et al.(2023). Extracting training data from diffusion models. *SSEC '23: Proceedings of the 32nd USENIX Conference on Security Symposium*, pp. 5253~5270.

Kittler, F. A.(1992). There is no software. *Stanford Literature*

Review 9:1, pp. 81~90.
Kohs, G.(2017). *AlphaGo* (Documentary).
Long, D. & Magerko, B.(2020). What is AI literacy? Competencies and design considerations. *Proceedings of the 2020 CHI Conference on Human Factors in Computing Systems*, pp. 1~16.
OpenAI, Achiam, J., et al.(2023). *GPT-4 Technical Report*, pp. 1~100.

09

작가 중심주의를 넘어: 관람과 향유에서 창작과 공유로

동시대 인공지능의 가장 주요한 특징 중 하나는 사용자와의 상호 작용 방식이다. 어렵고 복잡한 코드 대신 쉽고 간단한 인간의 언어로 된 프롬프트를 통해 인공지능을 더 손쉽게 활용할 수 있게 되면서, 창 · 제작의 문턱이 크게 낮아졌다. 이에 더하여, 다양한 형태의 데이터를 통합적으로 다루는 멀티-모달 콘텐츠 생성 인공지능의 등장은 창 · 제작과 작품 활동의 본질적 의미를 되짚어 볼 수 있는 계기를 제공한다.

작품 활동과 창·제작의 탈중심화

멀티-모달 콘텐츠 생성 인공지능의 등장은 관객의 역할에도 적지 않은 변화를 가져왔다. 이러한 변화는 프랑스의 학자 자크 랑시에르(Jacques Rancière, 1940~현재)가 2008년에 발표한 저서 ≪해방된 관객(Le spectateur émancipé)≫에서 강조한 점과 궤를 함께한다.

랑시에르는 관객이 주어진 작품을 단순히 수동적(受動的, passive)으로 관람하는 존재가 아니라, 자신이 지각한 것을 "각자의 방식으로 번역하여 이해하고 해석할 수 있는" 존재이며, 나아가 그 지각을 각자의 경험에 연결하여 "지적 모험을 떠날 역량을 지닌" 능동적(能動的, active) 주체가 될 수 있음을 강조한다. 그는 이러한 역량을 지닌 관객이 기존 체제로부터 스스로를 주체적으로 해방하는 과정에 주목한다(Rancière, 2008).

여러 방면에서 많은 기술적 성취가 있었음에도 불구하고, 기존 체제에서 전업 아티스트가 아닌 이들에게 작품 활동은 여전히 쉽지 않은 일이었다. 특히 정보 기술을 활용하는 경우, 전문적인 교육과 훈련에 많은 시간과 노력이 필요했을 뿐만 아니라 높은 가격의 전용 하드웨어와 소프트웨어가 필요한 경우도 빈번했다.

이러한 장벽은 작가와 작품을 중심에, 관객을 주변부에

두는 이분법적 중심화(中心化, centralisation)를 공고히 하는 결과로 이어졌다. 창 · 제작은 주로 전업 아티스트들이 전유하고, 만들어진 작품은 주로 갤러리나 미술관 같은 전용 공간에 전시되며, 관객은 수동적으로 관람하는 식이 이에 해당한다. 이 단방향적(單方向的, monodirectional) 흐름은 창 · 제작과 관람, 작가와 관객의 구분을 더욱 강화했다.

멀티-모달 콘텐츠 생성 인공지능의 등장과 활용은 이러한 이분법적 구도를 해소하고 작품 활동의 탈중심화(脫中心化, decentralisation)를 이끌었다. 복잡한 프로그래밍 언어로 된 코드 대신 인간의 언어로 된 프롬프트를 통해 인공지능과 상호 작용할 수 있게 되면서 창 · 제작의 진입 장벽이 크게 낮아졌기 때문이다. 소외되었던 관객이 제자리를 되찾고 창 · 제작자의 역할을 더 능동적인 방식으로 수행할 수 있게 되면서, 기존의 단방향적 흐름이 전방향적(全方向的, omnidirectional) 확산으로 바뀌기 시작한 것이다.

0차원과 사이적 특성이 이끄는 새로운 가능성

콘텐츠 생성 인공지능을 활용한 창 · 제작 및 작품 활동이 갖는 특징은 일찍이 독일의 매체 철학자 빌렘 플루서

(Vilém Flusser, 1920~1991)가 컴퓨터와 정보 기술을 활용한 작품 활동에 관해 제시한 견해와 결을 나란히 한다.

플루서는 새로운 예술 매체의 출현과 발달, 그리고 변천의 과정을 차원(次元, dimension)의 추상과 환원이라는 통시적 관점에서 설명한다. 그에 따르면, 실재는 길이, 높이, 깊이, 그리고 시간으로 구성된 시공간 연속체(視空間連續體, space-time continuum)이며, 문화 예술의 작품 활동은 다양한 도구와 매체를 통해 이 시공간 연속체로부터 구성 요소를 차례로 '떼 내어(tear-out)' 단계적으로 추상화하고 환원함으로써 조작성(操作性, manipulability)을 제고하는 과정에 해당한다.

이를 풀어 설명하면 다음과 같다. 인류가 4차원의 시공간 연속체로부터 가장 먼저 떼 낸 것은 시간이다. 시공간으로부터 시간을 떼 낸 이 차원은 공간, 즉 길이와 높이 그리고 깊이로 이루어진 3차원이다. 여러 문화 예술 매체 중 가장 먼저 출현한 조각이 바로 이 3차원의 공간과 입체성(立體性)을 다룬다. 우리가 시간 다음으로 떼 낸 것은 깊이다. 3차원의 공간으로부터 깊이를 떼 내면 길이와 높이, 즉 2차원의 평면이 남는다. 조각 다음으로 오래된 문화 예술의 형태 중 하나인 회화가 2차원과 평면성(平面性)에 관련한다. 여기서 하나를 더 떼 내면 높이나 길이만 남는다.

이것이 선형성(線型性)을 특징으로 하는 1차원이며, 이를 대표하는 문화 예술 매체는 단연 글과 이야기다. 요컨대 문화 예술의 작품 활동은 4차원의 시공간 연속체를 조각과 공간의 3차원, 회화와 평면의 2차원, 그리고 이야기와 선의 1차원 등으로 추상화하고 환원하는 과정인 셈이다(윤나라, 2021).

플루서는 정보 기술의 등장으로 인류가 마침내 더 이상의 환원과 추상이 불가능한 입자와 점의 0차원에 도달했음을 강조하며, 기존의 전통적 · 관습적 접근 외에 세계를 인식하는 새로운 관점이 필요함을 역설한다.

> [1차원의] 역사적 세계에는 아직 이야기와 서사가 남아 있다. 따라서 이들이 제공하는 실마리에 기대어 1차원이 무엇인지에 관해 다소간의 이해를 도모할 수 있다. 그러나 [0차원의] 새로운 우주는 그마저도 환원이 완료된 차원이다. 이해를 도와줄 실마리가 더는 남아 있지 않다. 0차원의 구성 요소인 점과 입자는 분명 아무것도 아니다. 그에 기대어 무언가를 도모해 보려는 시도는 실수다. 그러나 그것들을 그저 손가락 사이로 빠져나가게 내버려두는 것 역시 온당치 않다. 엄밀히 말해서, 점과 입자는 아무것도 아니지만 [바로 그 이유에서] 잠재적으로 모든 것이다. 그들은 가능성이다. 우리는 이 가능성의

관점에서 생각하고, 느끼고, 행동하기 시작해야 한다. 점과 입자의 우주는 오직 가능성만을 담고 있기에 비어 있지만, 동시에 모든 가능성이 담겨 있기에 충만하다(Flusser, 1993).

콘텐츠 생성 인공지능을 활용해 만들어 낸 결과물의 가장 주요한 특징 중 하나인 '사이(in-between)'적 특성이 바로 이 정보 기술이 지닌 0차원적 특성으로부터 기인한다. 가령 사용자가 'A painting of The Last Supper by Picasso (피카소가 그린 최후의 만찬)'이라는 프롬프트를 이미지 생성 인공지능에 입력한 경우를 예로 들어 보자(Rombach, et al., 2022). 통상 〈최후의 만찬〉은 르네상스 시기의 아티스트 레오나르도 다빈치가 그의 후원자였던 루도비코 스포르차(Ludovico Maria Sforza, 1452~1508) 공의 요청으로 이탈리아 밀라노에 있는 산타마리아 델레 그라치에 교회(Chiesa di Santa Maria delle Grazie) 식당 벽에 그린 벽화 〈L'Ultima Cena〉를 지칭한다. 그리고 적어도 공식적인 기록이나 보편적으로 알려진 범주 내에서, 20세기를 대표하는 아티스트 중 한 명인 파블로 피카소(Pablo Ruiz Picasso, 1881~1973)는 생전에 다빈치의 〈최후의 만찬〉을 모작하거나 복제하거나 재해석한 적이 없으며, 같은 제목의 다른 그림을 발표한 적도 없다. 즉 '피카소가 그린 최후의 만찬'이라는 작품이 정말 존재했거나 존재할 확률은 극히 낮고, 따라서 인공지능의 학습 데이터가 아무리 방대한들 해당 작품을 포함할 가능성 역시 매우 적다.

한편 문화 예술 분야에서 다빈치와 피카소의 영향력과 유명세를 고려할 때, 해당 데이터베이스가 다빈치의 바로 그 〈최후의 만찬〉을, 그리고 피카소의 회화를 포함하고 있을 확률은 매우 높다. 인공지능은 그것을 앞 장에서 설명한 방식으로 학습했을 것이다. 그러므로 이 사례에서 '피카소가 그린 최후의 만찬'이라는 프롬프트에 기반한 결과물을 만들어 내는 과정을 요약하자면, 첫째 이것을 일단 작가 '피카소'와 그림 '최후의 만찬'으로 각각 나눈 다음, 둘째 피카소가 그린 그림과 다빈치가 그린 〈최후의 만찬〉을 '동시에 한꺼번에 띄워 올리는 방식으로' 만들어 내는 것으로 비유할 수 있다.

이 전역적(全域的)이고 동시다발적인 생성은 이른바 보간(補間), 중첩(重疊), 얽힘(交叉), 섞임(混合) 등으로 부를 수 있을 만한 복합적 연쇄 반응을 불러일으킨다. 하나는 보다 직접적이고 개별적인 측면에 관련하는데, 다빈치의 〈최후의 만찬〉도 아니고 피카소의 〈아비뇽의 처녀들〉이나 〈게르니카〉도 아닌 '그 사이 어딘가'에 있을 법한 이미지들이 생성되는 것을 예로 들 수 있다. 다른 하나는 상대적으로 더 간접적이고 전반적인 측면으로, 결과물에서 보여지는 화풍이나 스타일 등에 관련한다. 예컨대 다빈치나 르네상스 시기의 스타일도 아니고 피카소의 청색 시대나 큐비즘 시기의 스타일도 아닌, '그 사이 어딘가'에 있을 법한 스타일의 이미지들이 만들어지는 것이 이에 해당한다.

그러나 이를 두고 콘텐츠 생성 인공지능이 특정 아티스트의 고유하고 독창적인 스타일을 손쉽게 모방할 수 있다거나, 어떤 스타일이든 단숨에 습득하여 자유자재로 적용할 수 있다거나, 심지어 세상의 모든 예술적 스타일을 이미 전부 습득한 경지(境地)에 도달했다는 식으로 비약하는 관점은 권장할 만하지 않다. 모든 인공지능은 소프트웨어이며, 어떤 소프트웨어도 설계 범위를 벗어나는 방식으로 작동하지 않으며 그럴 수도 없기 때문이다.

'피카소가 그린 최후의 만찬'은 어떤 인공지능이 아득히 드높은 경지에 이른 나머지 인간의 통제를 벗어나 어떤 뜻이나 의도를 담아 우리 인간에게 어떤 메시지를 전할 요량으로 일부러 그렇게 그린 것이 아니다. 겉으로 보기에 어떠한지와 무관하게, 콘텐츠 생성 인공지능은 학습 및 훈련 단계에서 이미 정해진 방식대로 프롬프트를 처리하여 결과물을 내놓는 알고리즘이며 소프트웨어와 다르지 않다.

이는 생성 인공지능을 활용한 작품 활동과 창·제작이

단순 모방이나 대리 작업이 아니라, 프롬프트라는 인터페이스를 통한 인간 지능과 인공지능의 협업이라는 새로운 형태의 작업 과정으로 자리 잡을 가능성이 있음을 시사한다. 멀티-모달 콘텐츠 생성 인공지능이라는 새로운 매체와 도구를 통해 창·제작의 본질적 의미를 되짚어 볼 수 있는 계기가 마련된 것이다.

참고문헌

윤나라(2021). 『0차원 또는 알고리즘의 창의』. 커뮤니케이션북스.

Flusser, V.(1993). *Lob der oberflächlichkeit: für eine Phänomenologie der medien.* Düsseldorf (Deutschland): Bollman.

Rancière, J.(2008). *Le spectateur émancipé*, Paris (France): Édition la fabrique.

Rombach, R., et al.(2022). High-Resolution image synthesis with latent diffusion models. *2022 Conference on Computer Vision and Pattern Recognition*, pp. 1~45.

10

인간 중심주의를 넘어: 인공지능 시대의 작품 활동, 기술과 인간의 역할

콘텐츠 생성 인공지능은 이미 창·제작과 작품 활동 전반에 깊숙이 내재한다. 인간은 다양한 도구를 통해 스스로의 한계를 극복해 왔다. 문자라는 도구가 인간의 기억과 사유를 대체하지 않는 것과 마찬가지로, 멀티-모달 콘텐츠 생성 인공지능 역시 인간의 창의를 대체하지 않는다. 오히려 인공지능은 인간의 창의에 새로운 활력을 불어넣는 대안적 도구에 가깝다. 즉, 인공지능은 창의의 대체가 아니라 대안이다.

멀티-모달 콘텐츠 생성 인공지능이 이미 새로운 도구로서 작품 활동에 편재(偏在)하기 시작했다는 점을 부정하기는 어렵다. 그리고 발전의 방향은 이러한 인공지능 시스템이 창·제작 환경에 더 매끄럽게 통합됨으로써 편재를 넘어 내재(內在)하는 쪽으로 향하고 있다.

콘텐츠 생성 인공지능을 창·제작과 작품 활동에 활용하는 이가 작품(作品)을 만드는 창작자인지 아니면 제품(製品)을 만드는 제작자인지를 따져 묻기에 앞서 이러한 맥락을 먼저 고려할 필요가 있다. 창작과 제작의 경계가 모호해진 지 오래기 때문이다. 이미 2010년대 초반부터 창·제작의 일선에서는 창작과 제작을 구분 짓는 대신 '작업(making)'이라는 용어를, 그리고 같은 맥락에서 창작자와 제작자를 동시에 아우르는 의미로서 '작업자(artist-maker)'라는 용어를 적극적으로 권장하고 있다는 점이 이를 예증한다. 이 글에서 창작이나 제작 대신 이 둘을 하나로 융합한 창·제작이라는 용어를 지속적으로 사용하는 이유도 같은 맥락으로부터 기인한다.

콘텐츠 생성 인공지능이 '작품을 만드는 데 들이는 시간과 노력'을 크게 줄임으로써 창작의 특별함을 제작의 평범함의 층위로 격하한다는 관점 역시 전적으로 동의하기는 어렵다. 앞서 살펴본 바와 같이, 콘텐츠 생성 인공지능을 활용하는 경우라고 할지라도 작품 활동과 창·제작에 적지 않은 시간과 노력이 필요하다는 점에는 변함이 없기 때문이다. 단순히 단어 몇 개 입력하고 '생성' 버튼을 누른다고 해서 원하는 결과물이 단번에 만들어지는 경우는 극히 드물다. 원하는 결과물을 얻기 위해서는 짧게는 수 시간에서 수십 번에서 길게는 수 주일 내지 수천 번에 이르는 시행착오를 반복해야 한다.

무엇보다도, 이 관점은 창·제작과 작품 활동을 구성하는 여러 면모 중 작업자가 투입하는 물리적 시간과 정성적(定性的, qualitative) 노력만을 강조한다는 점에서 특히 설득력이 부족하다. 오직 인고의 시간과 노력만이, 즉 작가의 공예가(工藝家, artisan)적 면모만이 작품의 유일한 구성요소는 아니기 때문이다.

작가의 공예가적 측면이 작품을 만드는 데 들이는 시간과 노력에 관련한다면, 제작자(製作者, producer)적 측면은 체계적 감독(監督, direction), 선별적 조직(組織, curation), 그리고 총괄적 지휘(指揮, orchestration)에 더 깊게 관련한다. 본격적 의미에서 최초의 기계적 작품 활동 도구인 카메라와 현대적 의미에서 최초의 기술적 매체인 사진이 등장한 이래, 작가가 지닌 제작자적 면모가 작품 활동에서 차지하는 비중과 중요성이 꾸준히 증가해 왔음은 주지의 사실이다. 단지 지금까지 지휘와 조직과 감독의 대상이 카메라고 컴퓨터였다면, 이제는 동시대 멀티-모달 콘텐츠 생성 인공지능의 차례가 왔을 뿐이다.

하나에 하나를 더하기: 대안으로서의 콘텐츠 생성 인공지능

동시대 멀티-모달 콘텐츠 생성 인공지능과 그것의 창의에 관한 논의는 우리로 하여금 그렇다면 인간의 지성과 창의는 무엇인지에 관해 다시 한번 생각할 기회를 제공한다는 점에서 중요한 의의를 지닌다.

견줄 만한 다른 대상이 없었기에 인간은 사실상 자기 참조적인 방식으로 지구상에서 오직 인간만이 유일하게 창의적이라고 정의해 왔고, 적어도 지금까지는 이 논리가 잘 작동했다. 같은 이유에서, 빗댈 만한 마땅한 대상도 없었기에 인간은 스스로의 창의가 누구 혹은 무엇이 특권적(特權的, privileged)으로 부여한 것이라거나 오직 인간종에게만 배타적(排他的, exclusive)으로 주어진 고유한 재능이라고 주창할 수 있었고, 이 역시 지금까지는 별 무리가 없었다.

그러나 이 재귀적 순환 논리를 오직 인간만이, 그리고

모든 인간이 빠짐없이 창의적일 수 있다는 결론의 근거로 삼기는 어렵다. 창의를 획득하고 발휘하는 일은 누구에게나 어려운 일이며, 유사 이래로 그것을 성공적으로 해낸 이가 많지 않음은 주지의 사실이다. 그럼에도 그 이상적(理想的, ideal)이고 예외적(例外的, exceptional)인 몇몇 경우에만 기대어 모든 혹은 대부분의 인간이 창의적이라거나, 그럴 수 있다거나, 심지어 그래야 한다고 주장하는 것은 적절하지 않다.

같은 맥락에서, 인간을 비롯한 자연적 지능을 지닌 모든 존재는 본질적(本質的, by nature)으로 창의적이라거나 그래야만 한다는 주장 역시 충분한 설득력을 지닌다고 보기 어렵다. 통상 이러한 논의들은 인간을 비롯한 자연적(自然的, natural) 존재는 본태적(本態的, innate)으로 창의를 타고나기 때문에 창의적인 것이 말 그대로 자연스럽고, 인공지능을 비롯한 인공적(人工的, artificial)인 것들은 그렇지 않으므로 창의적일 수 없는 것이 당연하다는 식의 관습적이고 상투적인 이분법과 위계화에 기대는 경향을 보인다. 그러나 이러한 접근에는 지성과 지능, 자연과 인공, 창의 등에 관한 새롭고 동시대적인 사유가 다소 결여되어 있다. 그로 인해 인공지능의 등장으로 완전히 재편된 동시대 기술 환경과 이로 인해 새롭게 제시된 질문들에 실질적인 답을 제공하는 데 한계가 분명하다는 점에서 다시 생각해 볼 필요가 있다.

인공지능을 인간과 분별함으로써 이해의 영도(零度)와 기반을 확립하는 것은 매우 중요하고 꼭 필요한 일이다. 그러나 분별(分別, discern)을 분리(分離, separate)와 혼동해서는 곤란하다. 분별이 필요한 맥락에 분리가 놓이는 순간, 실체 없는 대립이 싹틀 가능성도 함께 놓이기 때문이다. 이를 위해서는 적확한 AI 리터러시의 확립과 함양이 필요하다. AI 리터러시는 편향되고 관습적인 관점보다 중립적이고 통합된 관점에 더 관련하는 것으로, 첫째 인공지능에 관한 대강의 적절한 이해가 아니라 정치하고 적확한 이해에, 둘째 인공지능을 우리 위나 아래에 두는 우열의 관점이 아니라 우리와 같은 선상에 두고 어깨를 나란히 하여 눈높이를 맞추는 평등과 동행의 관점에 더 관련한다.

물론 동시대 인공지능, 그중에서도 특히 동시대 멀티-모달 콘텐츠 생성 인공지능의 양적 · 질적 발전과 진보 앞에, 비록 잠깐일지언정 '인간의 위상이 타격을 입은 것은 아닐까' 등의 걱정과 우려를 내비치는 것은 인간으로서 지극히 자연스러우며, 니체의 말을 빌리자면 "인간적인, 너무나도 인간적인" 반응이다(Nietzsche, 1878). 그러나 주지하다시피 인공지능은 인간이 아니다. 인간처럼 만들어

지지도, 작동하지도 않으며 그럴 필요도 없다. 문자라는 도구가 인간의 자연스러운 기억을 해칠 리 없는 것과 마찬가지로, 인공지능이라는 도구가 인간의 자연스러운 특질을 해칠 리도 없다.

설령 그렇다 하더라도 걱정할 필요는 없다. 인류가 이런 일을 처음 겪은 것은 아니기 때문이다. "인간의 위상에 관한 한 이미 역사에서 몇 겹의 타격이 있었다. 지동설은 인간이 신의 대행자라는 의식을 뒤흔들었고, 다음에는 진화론이 그렇게 했다. 이후에도 여러 방향에서 타격이 있었다. 신은 죽었으며 그 신을 닮은 인간도 죽었다는 선언, 그리고 의식은 기껏해야 무의식의 거대한 대양 위에 떠 있는 작은 섬에 지나지 않는다는 관찰 등"(김진석, 2019)이 그것이다.

인류는 다양한 도구를 지속적으로 만들고 다듬어 사용하면서 태생적 한계를 보완하고 극복해 왔다. 동시대 멀티-모달 콘텐츠 생성 인공지능은 인간 창의가 저무는 석양이 아니라, 인류의 창의와 지혜의 결실이자 새로운 창의가 떠오르는 여명이다. 인공지능이 인간의 창의를, 나아가 인간 자체를 완전히 대체할 것이라거나, 그럴 수 있다거나, 그렇게 되고야 말리라는 전망 역시 지나친 비약이다. 지난 역사를 돌이켜보더라도, 새로운 도구가 기존의 도구를 완전히 대체한 경우를 찾기는 쉽지 않다. 오히려 새로운 도구는 기존의 도구가 한계를 보였던 지점을 보완하는 역할을 하는 경우가 더 빈번했다.

기술적 도구이자 매체인 카메라와 사진이 가장 대표적인 사례다. 초기 사진이 회화로부터 거센 저항을 받았던 이유는 그때까지 회화가 담당했던 여러 기능 중 현실의 재현 측면에, 그중에서도 재현의 사실성 측면에 사진이 가장 직접적으로 소구했기 때문이다. 사진의 등장은 회화가 더 이상 현실의 사실적 재현에 얽매이지 않을 수 있는 계기를 마련했다. 사실 추구로부터 해방된 회화는 20세기 초에 이르러 추상성이라는 새로운 영역을 개척하기에 이른다. 바실리 칸딘스키(Wassily Kandinsky, 1866~1944)와 피터르 몬드리안(Pieter Cornelis Mondriaan, 1872~1944)을 비롯한 많은 추상 아티스트들이 자신만의 독창적인 방식과 스타일을 활용하여 기존의 구상으로는 도달하기 어려웠던 영역을 탐구했다. 실재(實在, real)의 빛을 직접적으로 다루는 사진의 사실성(寫實性, photo realism)이 현실(現實, reality)의 빛을 간접적으로 다룰 수밖에 없었던 회화의 사실성(事實性, realism)을 보완함으로써 회화 분야에 중요한 전환점을 제공한 셈이다.

현실 세계(universe)와 메타버스(metaverse)의 관계도

이와 유사하다. 누구도 메타버스가 현실 세계를 완전히 대체하거나, 그럴 수 있다거나, 그래야만 한다고 생각하지 않는다. 다만 그중 일부를 보완하고 뒷받침하는 역할을 할 뿐이다.

결국 어떤(what) 기술이나 어떤 인공지능을 사용하는지가 아니라, 그것을 어떤(how) 태도로 어떻게 받아들이고 어떻게 활용하는지가 관건으로 남는다. 인공지능은 대체(代替, replace)가 아니라 대안(代案, alternative)이다. 다름을 포용하는 아량, 우열을 타개하는 용기, 그리고 이를 한데 아우르는 융합적인 관점. 이러한 역량들이야말로 지금까지 늘 그래 왔던 것처럼 앞으로도 문화 예술 작품 활동과 창·제작에서 변함없이 중요할 것이며, 인공지능과 오늘을 함께 살고 나아가 내일과 미래를 더불어 살아갈 아티스트들에게 가장 필요한 역량일 것이다.

참고문헌

김진석(2019). 『강한 인공지능과 인간: 인간 강화와 인간 잉여의 패러독스』. 글항아리.

윤나라(2024). 콘텐츠 창작과 AI 리터러시: LLM의 패러프레이징을 중심으로. ≪인문콘텐츠≫ 72호, 325~342.

Nietzsche, F.(1878). *Menschliches, allzumenschliches: Ein buch für freie geister*. Chemnitz (Deutschland): Ernst Schmeitzner.

윤나라

인하대학교 문화콘텐츠문화경영학과 초빙 교수다. 프랑스 파리 8대학 미학·과학·기술 및 예술 융합대학원에서 아트&테크놀로지 논문 "Art informatique et intelligence artificielle: la dimension zéro de l'informatique et de la créativité artistique"으로 박사학위를 받았다. 동시대 콘텐츠 생성 인공지능을 비롯한 첨단 정보 기술을 활용한 문화 예술 콘텐츠 창·제작과, 여기에서 새로이 탄생하는 또 다른 창의의 가능성을 문화와 기술 그리고 예술을 함께 아우르는 융합적인 관점에서 조망하고 연구한다. 저서로 『0차원 또는 알고리즘의 창의』(2021)가 있다. 주요 논문으로 "인공지능의 탈신화화"(2020), "인공지능에 관한 예술공학적 이해"(2020), "알고리즘과 콘텐츠 창작에 관한 예술공학적 이해"(2021), "디지털 영상의 표현 층위 고도화와 기술 환경"(2022), "콘텐츠 생성 인공지능에 관한 이해"(2023), "프롬프트 엔지니어링과 인간의 역할"(2023), "콘텐츠 창작과 AI 리터러시"(2024) 등이 있다.